新时代智库出版的领跑者

国家智库报告 2023（5）
National Think Tank
经济

数字贸易研究报告
（2022）

中国社会科学院国家全球战略智库　著
中国社会科学院世界经济与政治研究所

DIGITAL TRADE RESEARCH REPORT (2022)

中国社会科学出版社

图书在版编目(CIP)数据

数字贸易研究报告.2022/中国社会科学院国家全球战略智库等著.—北京：中国社会科学出版社，2023.5

（国家智库报告）

ISBN 978-7-5227-1664-0

Ⅰ.①数… Ⅱ.①中… Ⅲ.①国际贸易—电子商务—研究报告—中国—2022 Ⅳ.①F724.6

中国国家版本馆 CIP 数据核字（2023）第 067216 号

出 版 人	赵剑英
责任编辑	党旺旺
责任校对	王　龙
责任印制	李寡寡

出　　版	中国社会科学出版社
社　　址	北京鼓楼西大街甲 158 号
邮　　编	100720
网　　址	http://www.csspw.cn
发 行 部	010-84083685
门 市 部	010-84029450
经　　销	新华书店及其他书店
印刷装订	北京君升印刷有限公司
版　　次	2023 年 5 月第 1 版
印　　次	2023 年 5 月第 1 次印刷
开　　本	787×1092 1/16
印　　张	14
插　　页	2
字　　数	131 千字
定　　价	78.00 元

凡购买中国社会科学出版社图书，如有质量问题请与本社营销中心联系调换
电话：010-84083683
版权所有　侵权必究

摘要：本报告旨在对数字贸易相关主题进行研究。主要内容包括分析数字贸易发展现状、判断数字贸易发展趋势；研究数字贸易开放水平；讨论数字贸易开放对经济发展的影响；提出数字贸易国际合作的政策建议。从数字贸易发展现状来看，数字贸易是国际贸易中增长最快的类型，正成为推动国际贸易增长的新动力。未来数字技术创新不仅会进一步扩大数字贸易的边界，而且将促进数字贸易不断向高附加值方向发展。数字贸易开放是介于完全数字贸易壁垒与数字自由贸易之间的一种状态。数字经济大国的数字贸易开放模式存在显著差异。提升全球数字贸易开放需要对数字贸易壁垒进行有效治理。数字贸易治理在多边和区域层面不断推进。数字贸易开放将影响经济发展，但应注意到数字贸易开放影响经济发展的两面性。一方面，数字贸易开放确实会从总体上促进经济发展；另一方面，不同国家、不同领域的数字贸易开放对经济发展的促进作用不同。从全球视角看，数字贸易发展仍处在初期，其开放依然存在一些问题。本报告建议以国际合作促进数字贸易开放，并提出了全球促进数字贸易合作和中国推进数字贸易发展的政策建议。

关键字：数字贸易；壁垒；经济发展；开放合作

Abstract: This report aims to conduct a study on issues related to digital trade. The content of the report mainly includes the analysis of the development status of digital trade and the judgment of the development trend of digital trade; studies on the level of digital trade openness; discussions on the impact of digital trade openness on economic development; and policy recommendations for international cooperation in digital trade. In terms of development status, digital trade is the fastest growing type in international trade and is becoming a new driving force for the growth of international trade. The innovation of digital technology in the future will not only further expand the boundary of digital trade, but will also acquire higher value added for digital trade. Digital trade openness is a state between full digital trade barriers and free digital trade. There are notable differences among digital economy powers in the digital trade openness models. Greater openness of global digital trade requires effective governance of digital trade barriers. Digital trade governance has continuously been promoted at the multilateral and regional levels. Digital trade openness will affect economic development. However, the impact of digital trade openness on economic development should be viewed from a dialectical perspective. On the one hand, digital trade openness will indeed promote economic development on the whole; On the other hand, digital trade openness in different countries and different fields plays a different role in promoting economic development. From a global perspective, digital trade is still in its early stage of development and there are still some problems in the process of its openness. This report puts forward policy recommendations on the international cooperation to promote digital trade openness, and the development of digital trade in China.

Key words: Digital trade, Barriers, Economic development, Open cooperation

目　　录

绪　论 …………………………………………………（1）

Summary ………………………………………………（16）

一　数字贸易发展现状与趋势 ………………………（39）
　　（一）数字贸易：概念与测量 …………………（39）
　　（二）数字贸易发展现状 ………………………（44）
　　（三）中国数字贸易实践 ………………………（53）
　　（四）数字贸易发展趋势 ………………………（63）
　　（五）小结 ………………………………………（71）

二　数字贸易开放水平分析 …………………………（73）
　　（一）数字贸易开放的理论探讨 ………………（73）
　　（二）数字贸易开放水平的测度 ………………（85）
　　（三）数字贸易开放水平的分析 ………………（92）
　　（四）数字贸易治理推动数字贸易开放 ………（101）

（五）小结 …………………………………………（119）

三　数字贸易开放对经济发展的影响 …………（120）
　　（一）数字贸易开放影响经济发展的机制 …（121）
　　（二）数字贸易开放影响经济发展的
　　　　　跨国证据 ………………………………（131）
　　（三）中国数字贸易开放的实践 ……………（145）
　　（四）小结 …………………………………………（150）

四　数字贸易开放与加强国际合作的建议 ……（152）
　　（一）全球数字贸易开放存在的问题 ………（153）
　　（二）以国际合作促数字贸易开放 …………（170）
　　（三）中国数字贸易开放的建议 ……………（177）
　　（四）小结 …………………………………………（189）

附录一 ………………………………………………（191）

附录二 ………………………………………………（199）

附录三 ………………………………………………（210）

参考文献 ……………………………………………（211）

后　记 ………………………………………………（213）

绪　　论

　　数字贸易是未来全球贸易增长的新动力。全球贸易的本质是国家间的分工和交换。自英国工业革命以来，全球贸易经历了产业间分工、产业内分工、产品内分工等多种分工形态。一种新的分工形态的出现并不意味着原有形态的消失，而是指新的分工形态占据主流，并成为全球贸易新的增长引擎。20世纪80年代以来尤其是冷战结束以后，产品内分工不断深化。但是2008年国际金融危机以来，产品内分工的广度和深度都难以再拓展。在中美经贸摩擦、新冠疫情冲击、乌克兰危机等影响下，产品内分工的潜力很难再发挥出来。与此同时，数字经济催生了数字贸易蓬勃发展。数字贸易打破了贸易的时空属性，不仅使传统贸易的主体发生改变，而且促进贸易运营方式等的变革，给传统货物贸易和服务贸易的发展提供新动能。

　　本报告旨在对数字贸易相关主题进行研究。报告沿用了联合国贸易与发展会议（UNCTAD）、国际货币基金组织《国际收支和国际投资头寸手册》第六版（BPM6，2009）及《国际服务贸易统计手册》（MSITS，2010）对数字贸易的界定，即指可数字化交付国际贸易（International trade in digitally-deliverable services），包括可数字化交付的保险和养老金服务、金融服务、知识产权使用费、电信、计算机和信息服务、其他商业服务以及视听和相关服务的进出口。报告内容主要包括分析数字贸易发展现状、判断数字贸易发展趋势；研究数字贸易开放水平；讨论数字贸易开放对经济发展的影响；提出数字贸易国际合作的政策建议。

从数字贸易发展现状来看，数字贸易是国际贸易中增长最快的国际贸易类型，正成为推动国际贸易增长的新动力。据统计，全球数字贸易出口额从2005年的12014亿美元扩大到2020年的31376亿美元，年均增长率为6.68%，高于同期货物贸易（3.52%）和服务贸易（4.21%）的出口增长；数字贸易出口占服务贸易出口的比重从2005年的44.73%上升到2020年的63.55%。其中，信息和通信技术（Information and Communication Technology，ICT）服务在数字贸易中的增长速度最快。全球ICT服务贸易出口额从2005年的1833.6亿美元增加到2020年的9267.5亿美元，年均增长达到11.41%；ICT服务贸易出口在全球数字贸易出口中的占比也在逐年增加，由2015年的10.13%增至2020年的15.83%。但也要注意到，数字贸易在不同经济体之间的差距较大。2020年，世界前十大数字贸易经济体的进、出口额占全球的比重分别为65.78%和60.8%。其中美国居于首位，2020年美国数字贸易进口和出口分别占全球的比重为15.16%、18.63%。

由于不同国家经济发展阶段不同，数据要素禀赋不同，形成了五种不同的数字贸易发展模式。第一种模式是综合型数字贸易发展模式。这种模式具有数据服务的综合优势，其所在国家的数字跨国公司和产品（服务）跨国公司是全球数字贸易的主导者，并根据各经济体的数据丰裕度和数字贸易成本，形成全球数字贸易网络体系。目前，这种模式在全球只有美国一个国家。第二种模式是专业性数字贸易发展模式。指为产品（服务）提供专业化跨境数据服务而产生的数字贸易，例如为研发服务、金融服务、专利服务、检测维修、物流与供应链等提供数据化跨境服务。这种模式以产品（服务）跨国公司作为全球竞争优势，通过产品（服务）的数字化转型，实现对部分货物贸易和服务贸易的替代，并衍生出新型数字贸易，其数字贸易网络建立在传统产品（服务）的全球网络体系基础上。这种类型的国家主要是日本、英国、德国、法国、意大利和韩国等传统工业经济和服务经济大国和强国，以及瑞典、荷兰、比利时、瑞士、以色列和丹麦等在某个领域的产品（服务）的大国和强国。第三种模式是承接型数字贸易发展模式。这种发展模式以印度、新加坡、爱尔兰和卢森堡最为典型。这些经济体充分利用本国数字技术和数字要素密集型的优势，或者成为数字贸易的外包基地，或者成为数字贸易的全球或者区域枢纽中心。第四种模式是综合性数字贸易模式。这种模式的特点是数字技术具有一定的竞争力，全球数字平台形成了在数据服务领域的局部竞争优势，拥有着丰富的软件人才优势。在全球只有中国适合这种类型，中国已经成为全球服务外包基地之一。第五种模式是依托货物或服务优势下的数字贸易模式。这一模式适用于绝大多数发展中国家，依托现有货物贸易或者服务贸易的优势，通过贸易数字化实现数字贸易，进入到全球价值链体系。

从国别来看，美国是全球数字贸易进出口占比最高的国家，且长期保持顺差；欧盟作为整体的出口额占比虽然高于美国，但在2015年以后出现了逆差；中国数字贸易出口量位于全球第二位，2020年数字贸易出口额为1543.8亿美元，占世界数字贸易出口的4.87%。2020年，中国对美国的数字贸易进出口额为258.3亿美元。中国数字贸易发展经历了快速增长。

以数据为要素、服务为核心、数字技术深度赋能为特征的数字贸易在中国蓬勃兴起。

未来数字技术创新不仅会进一步扩大数字贸易的边界，而且将促进数字贸易不断向高附加值方向发展。第一，第三代互联网将改变全球数字价值链模式。第三代互联网去中心化就是要去除平台对数据的控制，从而改变数字所有权和收益分配模式，其实质是改变数字贸易分配模式。第三代互联网的数字贸易模式是用户创造、用户所有、用户控制、协议分配利益。第二，数字技术的突破已经从原来贸易数字化转向复杂行业数字化，使数字贸易嵌入到复杂行业的全球价值链体系之中。汽车行业的自动驾驶汽车（AV）和人工智能（AI）在生物制药领域的应用较为典型，也将成为高附加值数字贸易的重要来源。第三，数据在全球范围内的爆发式增长加快了企业的数字化转型。全球数据平台和产品（服务）跨国公司的数字化转型使中小微企业嵌入到全球价值链成为可能，但也对安全性、可靠性和专业知识提出了更高的要求。全球数据专业化分工体系的形成使数据作为产品进行交易成为可能，公司通过向其他公司分享数据而取得额外收入的单边方法，也包括因获得服务而实现数据货币化。

数字贸易开放是介于完全数字贸易壁垒与数字自由贸易之间的一种状态。数字自由贸易和数字贸易壁垒是一对"镜像"的概念，二者代表着全球数字贸易的两种发展方向。数字自由贸易推崇数字贸易自由化，以实现数字产品和服务在各经济体之间不加限制地进行贸易。而数字贸易壁垒则推崇对数字贸易进行规制。如果将完全数字贸易壁垒和数字自由贸易视为两种极端情况，那么现实中国家对这两种情况的偏倚程度就可以代表数字贸易开放程度。数字贸易限制措施越少，对数字自由贸易倾向性越强，数字贸易开放度就越高。相反，数字贸易限制措施越多，对数字贸易管制倾向度越高，其开放程度就越低。

提升全球数字贸易开放需要对数字贸易壁垒进行有效治理。与传统贸易壁垒相比，数字贸易壁垒在实施主体、实施对象、实施方式及实施目的中有相似之处，但也存在诸多不同。基于对数字贸易相关措施的分类汇总分析，数字贸易壁垒应指以保护国内数字商品和服务免受外国竞争、人为刺激国内数字商品和服务出口等贸易保护主义为根本目的，以任意的、不合理的歧视性措施为手段，对贸易造成变相限制效果的数字贸易监管措施。各国应致力于降低数字贸易壁垒，取消会对数字贸易造成不必要障碍的数字贸易限制措施，以营造更加开放的全球数字贸易环境。但同时也应关切发展中国家在发展数字贸易时的特殊需要，考虑其数字监管能力的差距。

经济合作与发展组织（OECD）的数字服务贸易限制指数（Digital Service Trade Restrictiveness Index，DSTRI）、欧洲国际政治经济研究中心（European Centre for International Political Economy，ECIPE）的数字贸易限制指数（Digital Trade Restrictiveness Index，DTRI）及全球数字贸易促进指数都是对数字贸易壁垒测度的有益尝试，但是在评估理念、评估重点和时间跨度上各有侧重。本报告综合了三项数字贸易壁垒测度指数，对数字贸易开放水平进行测度与分析。从全球数字贸易开放水平的整体来看，基础设施和连通性是全球数字服务贸易最为重要的障碍；发展中国家数字服务贸易限制程度明显高于发达国家；参与高质量数字贸易规则谈判的国家数字服务限制程度普遍较低。发达国家的数字贸易开放度高于发展中国家，但差距正在收窄。数字经济大国的数字贸易开放模式存在显著差异。

从数字贸易开放水平的分领域分析来看，数据限制以及设立限制是数字贸易最为重要的限制性措施；数字基础设施质量差异导致的"数字鸿沟"是遏制发展中国家进一步扩大数字贸易开放的主要瓶颈；其他限制措施成为数字贸易壁垒的新兴领域，发达国家尤为明显。

数字贸易治理在多边和区域层面不断推进。在多边层面，2020年12月14日，WTO电子商务诸边议题谈判合并案文出台。截至目前，已有包括中国、美国、澳大利亚、日本以及新加坡在内的86个WTO成员签署了《关于电子商务的联合声明》（The Joint Statement Initiative on E-commerce，JSI）。在区域层面，自2000年《约旦—美国自由贸易协定》作为第一个包含电子商务条款的FTA签订后，电子商务或数字贸易规则在FTA中重要性不断提高。截至2021年12月，在全球355个FTA中，有195个包含与数字贸易有关的条款（Burri，2022）[①]，比例达到55.1%。数字贸易规则呈现出从条款到章节再到独立协议的演化，凸显出数字贸易治理的重要性和紧迫性。

参与数字贸易治理有利于促进数字贸易开放。当前，数字经济治理尚未形成全球性共识，呈现碎片化趋势，不利于全球数字贸易开放水平的提升。各主要经济体在推进数字贸易规则方面需要进一步协调。中国兼顾安全和发展的数字治理理念，坚持兼顾安全和发展的数据跨境流动，支持对电子传输免关税，并强调遵循WTO有关原则。美国以维护产业竞争优势为主旨，构建数据跨境流动与限制政策。欧盟提倡统一规则实施欧盟数字化单一市场战略，以数据保护高标准

[①] Burri, B. "Approaches to Digital Trade and Data Flow Regulation across Jurisdictions: Implications for the Future EU - ASEAN Agreement", *Legal Issues of Economic Integration*, 2022, No. 49.

引导全球重建数据保护规则体系。

中国积极推进全球数字贸易治理规则体系协调发展。以申请加入全面与进步跨太平洋伙伴关系协定（CPTPP）和数字经济伙伴关系协定（DEPA）为契机，把握高标准数字贸易规则的发展方向。未来应在构建数据跨境流动规则的中国方案、探索数据驱动创新体系和发展模式，提升数字开放中的网络安全保障能力等方面继续发力。

数字贸易开放将影响经济发展。2021年9月，习近平主席在出席第76届联合国大会一般性辩论时提出"全球发展倡议：加快落实联合国2030年可持续发展议程，推动实现更加强劲、绿色、健康的全球发展"（以下简称"全球发展倡议"）。全球发展倡议主张人与自然和谐共生、创新驱动、推动全球发展伙伴关系等，涉及合作领域包括减贫、粮食安全、抗疫和疫苗、发展筹资、气候变化和绿色发展、工业化、数字经济以及互联互通等。数字经济是其中的重点合作领域，包括深化数字技术、数字经济、数字安全合作，加强数字基础设施建设，促进技术转移和知识分享，提升数字治理能力，消除数字鸿沟、技术鸿沟。数字贸易作为数字经济的重点领域和国际贸易的重要组成部分，其开放将通过服务贸易、货物贸易、数字经济等渠道影响经济发展。

数字贸易开放有助于直接促进服务贸易发展。由于信息技术革命的快速发展和数字经济时代的来临，一是越来越多的服务可以实现跨境购买和消费，许多的不可贸易品变得可贸易；二是数字经济平台的诞生和发展加速了这一趋势。

数字贸易开放通过两个渠道促进货物贸易发展。一是数字贸易开放促进数字经济平台发展，促使国际贸易便利化、信息壁垒下降、供需双方更匹配，推动和加速货物贸易发展；二是通过促进服务贸易与制造业投入服务化的方式促进货物贸易发展，企业从产品制造向产品创造和服务提供双支撑转型，制造业产品中服务增加值的嵌入程度不断加深。

数字贸易开放有助于数字经济平台发展，通过数字技术发展促进经济发展。数字经济平台为中小企业参与国际贸易、降低国际贸易壁垒、获取全球市场关键信息以及形成企业的集聚效应起到重要作用，有助于全球供应链网络更具韧性、更加稳定、更具包容性。数字贸易开放将倒逼一国数字技术发展，进而促进经济发展。

但应注意到数字贸易开放影响经济发展的两面性。数字贸易开放会对全球经济体产生非中性的影响。这是由于全球各经济体处在不同的经济发展阶段，各国的技术水平、生产能力、产业结构、贸易结构、制度环境等存在差异，因而对各国经济发展的影响也不同。发达国家受益相对较大，落后国家受益相对较小。此外，不同数字贸易领域的开放对经济发展的影响也不同。各国在数字基础设施建设能力的差异、对数字经济治理和监管能力的差异、在数据跨境流动等方面限制的差异以及数字贸易本身的特性造成数字贸易比一般贸易具有较多的特殊性。各国在支付系统方面的数字贸易壁垒相对较小，但是在数字基础设施建设和知识产权方面的数字贸易壁垒相对较大，与数字基础设施建设相关的贸易壁垒下降普遍会对各国有利，而与知识产权相关的贸易壁垒则会对各国产生差异化的影响。

跨国证据表明，要辩证看待数字贸易开放对经济发展的影响。一方面，数字贸易开放确实会从总体上促进经济发展；另一方面，不同国家、不同领域的数字贸易开放对经济发展的促进作用不同。数字贸易开放对发达经济体的促进效果更加明显，对发展中经济体的促进作用并不明显。这说明，不应一味促使发展中经济体降低数字贸易壁垒，应该考虑发展中经济体的实际情况。对于发展中经济体而言，更应该重视数字贸易基础设施的建设，这将更有利于发展中经济体的发展。这一研究为数字贸易领域的国际合作提供了启发。一是应切实加强合作；二是不同经济体合作的诉求不同；三是合作的领域可以有优先序。本报告还以浙江和北京为例，分析了中国提升数字贸易基础设施和数字贸易知识产权保护力度，并以此促进经济发展的具体实践。

从全球视角看，数字贸易仍处在发展初期，在开放发展进程中，依然存在如下一些问题。

数字基础设施发展不均衡。总体看，数字生产（尤其是芯片和操作系统）的主导者是发达国家；部分发展中国家在部分数字基建领域发展迅速，表现出色；最不发达国家不论是在硬件基础设施建设还是软件开发方面均处于很落后的地位。

数字贸易发展水平不均衡。高收入国家在数字化交付服务上处于领先水平；中低收入国家的ICT贸易占比较高；低收入国家的数字贸易（ICT与数字化交付服务）占世界贸易总额低于1%。

跨国数字平台垄断严重。UNCTAD的研究发现，全球前100大数字平台企业中有41家位于美洲国家（主要是美国），市值占比达到67%。平台垄断不仅给数字贸易的公平竞争带来干扰，损害全球数字贸易企业的利益，还会降低消费者的效用，在极端情况下甚至会威胁国家安全。

数字贸易发展的营商环境有待改善。由于在国际市场上缺乏相关统一规则监管和国际合作机制，导致数字经济市场秩序混乱，缺乏公平的竞争环境；个人数据保护监管框架以及欧美发达国家的"技术联盟"

等会对数字贸易企业进入市场产生实质性影响；许多国家的监管内容不健全，导致法律不能够为数据经济创造有利的环境；各国的税收规则与数字技术、数字经济发展存在冲突；电子政务服务便利化水平及数字发展战略也存在较大的地区差距。

数字贸易发展缺乏全球统一的国际规则。全球数字贸易概念界定与测算方法不统一，缺乏系统、准确的统计数据支持；全球数字治理规则滞后且碎片化，各种模式之间融合难度高。全球数字规则制定成为数字大国战略竞争的博弈场，数字治理与地缘政治相互影响现象越来越严重。

为应对上述问题，本报告建议以国际合作促数字贸易开放。一是加速构建全球数字贸易规则。目前全球数字治理规则制定正持续发展和调整，各种关键议题在多边区域和双边层面也在逐步协商确定，取得了一定进展。未来应持续增加全球数字贸易领域多层次的国际合作，加快形成全球数字规则。二是建设全球数字基础设施。目前全球数字基础设施建设合作主要在多边层面进行，"数字丝路建设""G7—重建美好世界""全球联通欧洲"为其中最受关注的三个项目。三是改善数字贸易发展的营商环境。在国际市场上构建统一的规则监管和国际合作机制，为数字经济的有序发展创造良好的公平竞争环境。

从中国视角看，数字贸易发展的不平衡问题也较为突出。存在数字贸易占比较低、数字贸易的地区发展和相关行业发展不均衡等问题。从数字基础设施建设上看，同样存在区域失衡问题。全国数字基建在经济较强的地区发展较快，西部和中部省发展相对较慢。在法律制度建设方面，虽然初步构建了数字治理的基本框架，但各个数字领域相关适用条款相对分散，不少内容不够完善，相对于数字经济形势的快速变化，法律条款的设置往往较为滞后。在全球数字治理方面，影响力仍不足。在全球数字规则制定方面，中国的影响力远落后于美国和欧盟。在数字标准方面，中国距离欧美等差距依然较大，未来仍需努力。

最后，本报告提出了推进中国数字贸易发展的政策建议。一是促进数字基础设施的平衡发展。中国应继续推动"新基建"布局与"东数西算"战略。继续推动市场主体参与数字基建建设，合理激发市场主体内生动力和创造力。

二是政府构建完善的制度框架支持数字贸易平衡发展。推动全社会参与，参考国家发展改革委员会领头带动的"数字化转型伙伴行动倡议"的模式，构建数字生态圈，创造利于数字贸易发展的良好环境。同时，要加强数字贸易相关法律之间的协调和衔接，尽快完善数字经济相关主题的专项立法，尝试和相关数字贸易治理协定成员国进行联合执法监管，建立综合性协调部门等。

三是探索建立数字贸易开放创新的示范区。通过数字贸易规则创新实践区、数字贸易改革示范区、数字自由贸易区等形式，深化数字贸易的"中式模板"的探索，加强现有自贸区、自贸港等在数字贸易领域上的改革试点工作。

四是积极参与全球数字贸易规则的制定。一方面，要积极探索建立中国特色数字治理模式，对标国际规则，提升治理质量；另一方面，要积极参与现有国际数字治理规则的谈判与合作，推动数字贸易与治理的国际合作。多边层次上，中国要积极参与WTO框架下数字贸易议题的磋商，进一步推进与"一带一路"国家的数字经济和治理合作；在区域协定方面，中国应继续推动加入CPTPP，尽快推进与DEPA成员国的实质性谈判；在双边层次上，力争达成符合客观实际和共同利益的折中安排。

五是积极参与全球数字技术标准制定。技术标准是大国技术话语权和影响力的实质性体现。要提高数字技术方面的全球竞争力，政产学研各界应形成合力，借助自身优势实现差异化布局，帮助中国尽可能多地在更多标准的领域获得话语权。

Summary

Digital trade is a new driver of future global trade growth. Global trade is the result of the division of labor and exchange of goods among countries worldwide. Since the Industrial Revolution in Britain, global trade has experienced inter-industry, intra-industry and intra-product divisions of labor. The emergence of a new division of labor does not mean the disappearance of original forms, but means that the new form takes the mainstream and becomes the new engine of global trade growth. Since the 1980s, especially since the end of the Cold War, the division of labor within products has been deepening. However, since the international financial crisis, it has become difficult to further advance such kind of labor division either in breadth or in depth. Under the influences of China-US economic and trade frictions, the COVID-19 pandemic and the Ukraine crisis, the potential of intra-product division of labor is difficult to be further tapped. At the same time, the development of digital economy has lubricated the vigorous development of digital trade, which has not only broken time and spacelimits of trade, but has also changed the main subjects of traditional trade and promoted the reform of the trade operation mode, thus providing new impetus for the development of traditional trade in goods and services.

This report aims to conduct a study on issues related to digital trade. It adopts the definition of digital trade used by the United Nations Conference on Trade and Development (UNCTAD), the Sixth Edition of the IMF's Balance of Payments and International Investment Position Manual (BPM6, 2009), and the 2010 Manual on Statistics of International Trade in Services (MSITS), namely international trade in digitally deliverable services, including insurance and pension services, financial services, intellectual property royalties, telecommunications, computer and information services, other business services, and audiovisual and related services that can be digitally delivered. The content of the report mainly includes the analysis of the development status of digital trade and the judgment of the development trend of digital trade; studies on the level of digital trade openness; discussions on the impact of digital trade openness on economic development; and policy recommendations for international cooperation in digital trade.

In terms of development status, digital trade is the fastest growing type in international trade and is becoming a new driving force for the growth of international trade. According to statistics, the export of global digital trade has expanded from $1.20trillion in 2005 to $3.14 trillion in 2020, with an average annual growth rate of 6.68%, higher than the export growth of trade in goods (3.52%) and trade in services (4.21%) in the same period. The proportion of the export of digital trade in the total export of trade in services has also increased from 44.73% in 2005 to 63.55% in 2020. Among them, ICT (Information and Communication Technology) services have seen the fastest growth in digital trade. The export volume of global ICT services has increased from $183.36 billion in 2005 to $926.75 billion in 2020, with an average annual growth rate of 11.41%, and the proportion of ICT service exports in global digital exports has also been increasing year by year, from 10.13% in 2015 to 15.83% in 2020. However, it should also be noted that there is a large gap among different economies in digital trade. In 2020, the world's top 10 digital trading economies accounted for 65.78% of global digital imports and 60.8% of global digital exports, and the United States ranked first, accounting for 15.16% and 18.63% respectively of the world's total digital imports and exports.

Due to different economic development stages and different data factor endowments among different countries, five different digital trade development models have been formed in the world. The first one is the comprehensive digital trade development model. With comprehensive advantages of data services, digital multinationals and product (service) multinationals of the countries that have developed this model are the dominant players in global digital trade, and based on different countries' data abundance and digital trade costs, set up a network system for global digital trade. At present, the United States is the only country that has developed such kind of model in the world. The second one is the specialized digital trade development model. It refers to the digital trade generated by providing specialized cross-border data services for products (services), such as providing cross-border data services for research and development, the financial sector, patent development, inspection and maintenance, logistics and supply chain. In this model, product (service) multinationals that enjoy global competitive advantages realize the substitution of part of goods trade and service trade through digital transformation of products (services), and derive a new type of digital trade whose network is based on the global network system of traditional products (services). The countries that have set up such a model mainly include traditional industrial and service countries or powers such as Japan, the United Kingdom, Germany, France, Italy and South Korea, as well as some countries or powers excelling in a certain field of products (service), such as Sweden, the Netherlands, Belgium, Switzerland, Israel and Denmark. The third model is undertaking digital trade from developed economies, typically represented by India, Singapore, Ireland and Luxembourg. These economies take full advantage of their own digital technology and intensive digital factors to become the outsourcing base of digital trade, or become global or regional hubs of digital trade. The fourth is the comprehensive low-end digital trade model, featured as certain competitiveness in digital technologies, partial data services competition advantages on the global digital platform, a wealth of software talent advantages, and relatively low labor costs. China is the only country suitable for this model in the world and it has become one of the global global service outsourcing bases. The fifth is the digital trade model relying on the advantages of goods or services. This model is applicable to the vast majority of developing countries, which can rely on the advantages of existing trade in goods or services to develop digital trade through trade digitalization and enter the global value chain system.

From the country level, the United States is the country with the highest proportion of digital imports and exports in the world, and has maintained a long-term surplus. The EU as a whole has a higher share of digital exports than the US, but it has suffered a trade deficit since 2015. China's digital export volume is relatively small, which was only $154.38 billion in 2020, accounting for 4.87% of the world's total digital export. In 2020, the import and export volume of China's digital trade with the US was only $25.83 billion.

The innovation of digital technology in the future will not only further expand the boundary of digital trade, but will also acquire higher value added for digital trade. First, the third generation Internet will change the global digital value chain model. The decentralization of the third generation Internet is to remove the control of the platform on the data, so as to change the digital ownership and income distribution model. Its essence is to change the digital trade distribution model. The digital trade model in the era of the third generation Internet features user creation, user ownership, user control, and agreement-based distribution of benefits. Second, the breakthrough of digital technology has shifted from original trade digitization to the digitization of complex industries, making digital trade embedded in the global value chain system of complex industries. A typical case is autonomous vehicles in the automotive industry and AI applications in the biopharmaceutical field, which will also become an important source of high value-added digital trade. Third, the explosive growth of data worldwide has accelerated digital transformation of enterprises. The digital transformation of global data platforms and product (service) multinationals makes it possible for micro, small and medium-sized enterprises to be embedded in global value chains, but it also raises higher requirements for security, reliability and expertise. The emergence of a global system of data specialization has made it possible for data to be traded as a product, and companies can earn additional revenue by sharing data with other companies, including monetizing data for access to services.

Digital trade openness is a state between full digital trade barriers and free digital trade. Free digital trade and digital trade barriers represent two development directions of global digital trade. Free digital trade advocates the liberalization of digital trade to enable unrestricted trade of digital goods and services across economies, while digital trade barriers advocate the regulation of digital trade. If full digital trade barriers and free digital trade are regarded as two extreme scenarios, the degree of a country's preference for these two scenarios in reality can represent the degree of its digital trade openness. The less restrictive measures an economy exerts on digital trade, the more inclined it is towards free digital trade, and the higher its digital trade openness. On the contrary, the more restrictive measures it exerts on digital trade, the higher its propensity to regulate digital trade, and the lower its digital trade openness.

Greater openness of global digital trade requires effective governance of digital trade barriers. Compared with traditional trade barriers, digital trade barriers have some similarities in implementation subjects, implementation objects, implementation methods, and implementation purposes, but there are also many differences. Based on the classification, summarization and analysis of digital trade related measures, we conclude that digital trade barriers refer to digital trade regulatory measures that have disguised restrictive effects on trade by means of arbitrary and unreasonable discriminatory measures, with the fundamental purpose of protecting domestic digital goods and services from foreign competition and artificially stimulating domestic exports of digital goods and services. All countries should work to lower barriers to digital trade and remove restrictive measures that may cause unnecessary obstacles to digital trade, so as to create a more open global digital trade environment. Meanwhile, attention should also be paid to the special needs of developing countries in developing digital trade and to the gaps in their digital regulatory capabilities.

The Organization for Economic Cooperation and Development's Digital Service Trade Restrictiveness Index (DSTRI), Digital Trade Restrictiveness Index (DTRI) of the European Centre for International Political Economy (ECIPE), and the Global Enabling Digital Trade Index are all useful attempts to measure digital trade barriers, but they have different emphases in assessment concepts, assessment key points and time spans. Based on the three index measurements of digital trade barriers, this report aims to measure and analyze the level of digital trade openness. On the whole, insufficient infrastructure and connectivity are the most important barriers to global digital service trade. Restrictions are exerted on trade in digital services in developing countries significantly more than in developed countries. Countries participating in negotiations on high-quality digital trade rules extensively have low DSTRI. Developed countries are more open in digital trade than developing countries, but the gap is narrowing. There are notable differences among digital economy powers in the digital trade openness models.

According to the sub-field analysis of the level of digital trade openness, data restrictions and establishment restrictions are the biggest restrictive measures on digital trade. The "digital gap" caused by the difference in the quality of digital infrastructure remains the main bottleneck that prevents developing countries from further expanding digital trade openness. Other restrictions that have become emerging areas of digital trade barriers are particularly obvious in developed countries.

Digital trade governance has continuously been promoted at the multilateral and regional levels. At the multilateral level, the first WTO Ministerial Conference included the topic of electronic commerce into the negotiation framework in 1996. On December 14, 2020, the combined text of WTO plurilateral negotiations on e-commerce was promulgated. So far, 86 WTO members, including China, the United States, Australia, Japan and Singapore, have signed the Joint Statement Initiative on E-commerce (JSI). At the regional level, the importance of e-commerce or digital trade rules in FTAs has been increasing since the signing of the Jordan-US FTA in 2000, which was the first FTA that contains e-commerce provisions. As of December 2021, 195 out of 355 FTAs worldwide, or 55.1%, contain provisions related to digital trade. The presentation of digital trade rules from by few clauses to by a chapter and then by a whole agreement highlights the importance and urgency of digital trade governance.

Participating in digital trade governance is conducive to promoting digital trade openness. At present, the governance of digital economy has not yet formed global consensus but shows a trend of fragmentation, which is not conducive to raising the openness of global digital trade. This underscores the need for major economies to further enhance coordination in advancing the making of digital trade rules. China adheres to the digital governance concept and the cross-border flow of data that both pursue a balance between security and development. It supports duty-free electronic transmission and emphasizes compliance with relevant WTO principles. With the aim of maintaining its industrial competitive advantages, the United States has imposed restrictive policies on cross-border data flows. The EU advocates unified rules to implement its single digital market strategy and guide global reconstruction of the data protection rules system with high standards of data protection.

China has actively promoted the coordinated development of the global system for digital trade governance rules. It should take the accesstion to the Comprehensive and Progressive Agreement for Trans-Pacific Partnership (CPTPP) and the Digital Economy Partnership Agreement (DEPA) as an opportunity to play a bigger role in the development of high-standard digital trade rules. In the future, it should continue to make efforts in contributing Chinese solutions to the building of the rules for cross-border data flow, exploring the data-driven innovation system and development model, and improving its capability for cybersecurity in digital openness.

Digital trade openness will affect economic development. In September 2021, when attending the general debate of the 76th session of the United Nations General Assembly, President Xi Jinping proposed that the world should accelerate the implementation of the UN 2030 Agenda for Sustainable Development to promote stronger, greener and healthier global development, which has thereafter been called as the Global Development Initiative. The Initiative calls for harmonious coexistence between man and nature, innovation-driven development and the building of partnerships in global development, with cooperation areas involving poverty reduction, food security, anti-pandemic and vaccines, development financing, climate change and green development, industrialization, digital economy and connectivity. Digital economy is a key area of cooperation, including deepening cooperation on digital technology, digital economy and digital security, strengthening digital infrastructure construction, promoting technology transfer and knowledge sharing, enhancing digital governance capacity, and bridging digital and technological gaps. As a key field of digital economy and an important part of international trade, the openness of digital trade will affect economic development via three channels: service trade, goods trade and digital economy.

Digital trade openness directly promotes the development of trade in services. Due to the rapid development of the information technology revolution and the advent of the digital economy era, more and more services can be purchased and consumed across borders, and many non-tradable goods become tradable. The creation and development of digital economic platforms has accelerated such kind of trend.

Digital trade openness promotes the development of trade in goods in two ways. First, it boosts the development of digital economy platforms, and promotes the facilitation of international trade, reduction of information barriers, and better match between supply and demand as the way of driving and accelerating the development of trade in goods. Second, through promoting trade in services and manufacturing input services, it promotes the development of trade in goods. With the transformation of enterprises from product manufacturing to the dual support of product creation and service provision, the value added of service in manufacturing products can be further deepened.

Digital trade openness contributes to the development of digital economy platforms and promotes economic development through the development of digital technology.

Digital economy platforms play an important role in helping small and medium-sized enterprises participate in international trade, reducing international trade barriers, obtaining key information from the global market, and forming agglomeration effects. It can help the global supply chain network become more resilient, stable and inclusive, lubricate a country's digital technology development and then promote its economic development.

However, it should also be noted that digital trade openness has different influences on different economies. Digital trade openness has a non-neutral impact on the global economy. Each country is at different stage of economic development, and its technological level, production capacity, industrial structure, trade structure and institutional environment is different, so the impact of digital trade openness on its economic development is different. Developed countries benefit more from it while less-developed countries benefit less. In addition, the openness of digital trade in different areas also has different effects on economic development. The differences of digital trade barriers among countries are comparatively small in terms of the payment system, but comparatively large in terms of digital infrastructure construction and intellectual property rights. On the whole, the decline in trade barriers related to digital infrastructure construction benefit all countries, while trade barriers related to intellectual property rights have differentiated influences on different countries.

Cross country evidence suggests that the impact of digital trade openness on economic development should be viewed from a dialectical perspective. On the one hand, digital trade openness will indeed promote economic development on the whole; On the other hand, digital trade openness in different countries and different fields plays a different role in promoting economic development. Digital trade openness produce obvious effects for the development of developed economies, but the effect is not obvious for developing economies. This shows that developing economies should not be blindly prompted to lower digital trade barriers, and their actual conditions should be taken into account. For developing economies, more attention should be paid to the construction of digital trade infrastructure, which will be more conducive to their economic development. This study provides some inspirations for international cooperation in the field of digital trade. First, practical measures should be taken to strengthen cooperation. Second, different economies have different appeals in cooperation. Third, priority areas should be set for cooperation. This report uses Zhejiang and Beijing as examples to analyze China's specific practices in improving digital trade infrastructure and digital trade intellectual property protection as a way of promoting economic development.

From a global perspective, digital trade is still in its early stage of development and there are still some problems in the process of its openness:

Uneven development of digital infrastructure. Digital production (chips and operating systems in particular) in general is dominated by developed countries. Some developing countries have developed rapidly and performed well in some areas of digital infrastructure. The least developed countries are far behind in both hardware infrastructure construction and software development.

Imbalanced development levels of digital trade. High-income countries take the lead in the development of digital delivery services while middle-low-income countries have a relatively high share of ICT trade. Digital trade (ICT and digitally delivered services) of low-income countries accounts for less than 1% of world's total digital trade.

Serious monopoly of transnational digital platforms. A

UNCTAD study finds that 41 of the world's top 100 digital platform companies are based in American countries (mainly the US), accounting for 67% of market value. Such kind of platform monopoly not only disturbs the fair competition of digital trade and harms the interests of global digital trade enterprises, but also weakens the role of consumers and even threatens national security in extreme cases.

The business environment for digital trade development needs to be improved. Due to the lack of relevant unified regulation rules and international cooperation mechanisms in the international market, the digital economy has been in a chaotic market order and lacks a level playing field. The regulatory framework of personal data protection and the "technology alliance" of developed countries such as the United States and European countries have had a substantial impact on the market entry of digital trading enterprises. Due to the lack of sound regulation in many countries, laws fail to create an enabling environment for the data economy. There still exist conflicts between tax rules and the development of digital technology and digital economy in various countries. There are also large regional disparities in the level of e-government service facilitation and digital development strategies.

The development of digital trade lacks global unified international rules. The concept definitions and measurement methods on global digital trade are not unified, and lack systematic and accurate statistical data support. The rules for global digital governance are lagging and fragmented, and various models are difficult to integrate with each other. The making of global digital rules has become a game of strategic competition among digital powers, and interaction between digital governance and geopolitics has become more and more serious.

To address these issues, this report recommends the application of international cooperation to promote digital trade openness. 1) Accelerate the formulation of global digital trade rules. At present, the formulation of global digital governance rules is underway and various key issues are being gradually determined through consultation at multilateral, regional and bilateral levels, and some progress has been made. In the future, we should continue to increase multi-level international cooperation in the field of global digital trade and accelerate the formation of global digital rules. 2) Promote the construction of global digital infrastructure. At present, global cooperation on digital infrastructure construction is mainly carried out at the multilateral level, and the "Digital Silk Road", "G7 – Build Back Better World" and "A Globally Connected Europe" are the three projects that have attracted the most extensive attention. 3) Improve the business environment for the development of digital trade. Unified rules, supervision and international cooperation mechanisms should be established in the international market, to create a good level playing field for the orderly development of the digital economy.

In China, the imbalanced development of digital trade is also prominent, including low proportion of digital trade, and uneven regional development of digital trade and related industries among other problems. In terms of digital infrastructure construction, the problem of imbalanced regional development also exists. From a nationwide perspective, digital infrastructure construction develops faster in the country's developed regions, while relatively slow in its western and central regions. In terms of legal system, although the basic framework for digital governance has been initially constructed, the relevant applicable provisions in various digital fields are relatively scattered, and contents are not complete in many aspects. Compared with the rapid development of the digital economy, the setting of legal provisions has lagged behind. In terms of global digital rules-making, its influence still lags far behind that of the US and the EU. In terms of digital standards, China also has a comparatively large gap with Europe and the US, and to bridge the gap, great efforts are yet to be made in the future.

Finally, this report puts forward policy recommendations on how to promote the development of digital trade in China. First, the country should strive to promote the balanced development of digital infrastructure. It should continue to press ahead with its "new infrastructure" layout and "from east to west" transfer strategy. Continuous efforts should be made to promote the participation of market players in digital infrastructure development, to stimulate their internal motivation and creativity.

Second, the government should build a sound institutional framework to support the balanced development of digital trade. Measures should be taken to promote the participation of the whole society, and, referring to the model of the "Digital Transformation Partnership Action Initiative" spearheaded by the National Development and Reform Commission, build a digital ecosystem to create an enabling environment for the development of digital trade. At the same time, it is necessary to strengthen the coordination and connection between the laws related to digital trade, improve special legislation related to the digital economy as soon as possible, try to carry out joint law supervision with the relevant member states of the digital trade governance agreement, and establish a comprehensive coordination department.

Third, the country should explore the establishment of an openness and innovation demonstration zone for digital trade. Through digital trade rules innovation practice zones, digital trade reform demonstration zones, digital free trade zones and other forms, it should make further explorations of the "Chinese model" for digital trade, and strengthen the reform of existing free trade zones in the field of digital trade.

Fourth, China should proactively participate in the formulation of global digital trade rules. On the one hand, it should actively explore the establishment of a digital governance model with Chinese characteristics and keep in line with international rules to improve the quality of its governance. On the other hand, it should proactively participate in the negotiation and cooperation of existing international digital governance rules and promote international cooperation in digital trade and governance. At the multilateral level, China should actively participate in consultations on digital trade issues under the WTO framework and further promote cooperation on digital economy and governance with Belt and Road countries. In terms of regional agreements, it should continue to strive to join the CPTPP and advance substantive negotiations with DEPA members as soon as possible. At the bilateral level, it should strive to reach a compromise arrangement in line with objective reality and common interests.

Fifth, China should proactively participate in the formulation of global digital technology standards, a substantive embodiment of the power and influence of great powers in technology. In order to improve the global competitiveness of digital technology, the government, industry, education and research sectors should form a joint force and make differentiated development layouts with their own advantages, to help China obtain a bigger capacity in the making of standards in more fields as much as possible.

一　数字贸易发展现状与趋势*

21世纪以来，人类进入了数字经济时代。互联网、云计算、3D打印等数字技术广泛应用，国际贸易日益以互联网为传输通道、以数据跨境流动为交换手段、以电子支付为主要结算方式，国际贸易的模式发生着深刻的变化。本章在对数字贸易进行界定的基础上，分析全球数字贸易发展现状及其发展特征，判断未来发展趋势。

（一）数字贸易：概念与测量

最早使用"数字贸易"概念的是2013年美国国际贸易委员会（USITC）发布的《美国数字贸易与全球经济》报告，但该机构在后来发布的类似研究报告中对数字贸易存在着不同的定义，主要原因是随着数字

---

* 本章执笔人：沈玉良，上海社会科学院世界经济研究所研究员；邹家阳，上海社会科学院世界经济研究所博士研究生；李鑫，上海社会科学院世界经济研究所博士研究生。

技术的不断推进，数字贸易边界也在动态变化。[1] USITC 数字贸易的定义始终强调"数字交付"是数字贸易的基本特征。经济合作与发展组织（OECD）等国际组织将数字贸易定义为以货物和服务贸易的数字化交易（Lopez-Gonzalez 和 Jouanjean，2017）[2]，经过多次讨论和修订，OECD、国际货币基金组织（IMF）和世界贸易组织（WTO）共同发布了《数字贸易度量手册》（OECD、IMF&WTO，2020）[3]，并形成了目前为止相对最为全面和完整的关于数字贸易的定义和测量方法，但至今为止这种测量方法尚未付诸实践。

目前对数字贸易的测量依据是建立在现有国际货币基金组织《国际收支和国际投资头寸手册》第六版

---

[1] United States International Trade Commission（USITC），2013，"Digital Trade in the U.S. and Global Economies"，Part 1，pp. 2-1，http：//www. usitc. gov/publications/332/pub4415. pdf. United States International Trade Commissionn（USITC），2014，"Digital Trade in the U.S. and Global Economies"，Part 2，https：//usitc. gov/publications/332/pub4485. pdf. United States International Trade Commission（USITC），2017，"Global Digital Trade 1：Market Opportunities and Key Foreign Trade Restrictions"，2017，https：//www. usitc. gov/publications/332/pub4716. pdf.

[2] López González，J. and M. Jouanjean（2017），"Digital Trade：Developing a Framework for Analysis"，OECD Trade Policy Papers，No. 205，OECD Publishing，Paris. http：//dx. doi. org/10. 1787/524c8c83-en.

[3] OECD，WTO and IMF，Handbook on Measuring Digital Trade，March 2020，https：//millenniumindicators. un. org/unsd/statcom/51st-session/documents/BG-Item3e-Handbook-on-Measuring-Digital-Trade-E. pdf.

（BPM6，2009）及《国际服务贸易统计手册》（MSITS 2010）基础上。从具体测量指标看，联合国贸易与发展会议（UNCTAD，2015）[①]采用了"可数字化交付国际贸易"概念（International trade in digitally-deliverable services），简称为数字贸易。可数字化交付国际贸易是指可数字化交付的保险和养老金服务、金融服务、知识产权使用费、电信、计算机和信息服务、其他商业服务以及视听和相关服务的进出口，此概念实际就是可数字化的服务贸易。

本报告衡量的数字贸易是指信息和通信技术（ICT）支持的服务贸易，该类服务通过ICT网络远程提供输出，不包括必然涉及物体或人的移动或需要面对面接触的服务类型。由于EBOPS分类系统是基于交易的服务类型而非服务的交付模式进行分类，ICT技术支持的服务难以通过该系统进行识别。因此，报告参考UNCTAD的做法，使用潜在ICT技术支持的服务作为ICT技术支持的服务的替代指标，该服务涵盖的服务类型可通过EBOPS分类系统确定，从而可以实现可数字化交付国际贸易的量化统计。潜在基于ICT支

[①] UNCTAD，2015. International Trade in ICT Services and ICT-enabled Services: Proposed Indicators from the Partnership on Measuring ICT for Development, Technical Note No. 3 Unedited, TN/UNCTAD/ICT4D/03. Available at https://unctad.org/en/PublicationsLibrary/tn_unctad_ict4d03_en.pdf.

持服务可以分为两个类别，ICT 服务和其他潜在 ICT 技术支持的服务贸易。第一类是 ICT 服务，该类服务被定义为旨在实现信息处理和通信功能的经济活动，包括 EBOPS 分类系统中的三类服务：电信服务、计算机服务和与计算机软件相关的知识产权使用费。第二类是其他潜在 ICT 技术支持的服务贸易，在本报告中除 ICT 服务以外的可通过电子方式指定、执行、交付、评估和消费的活动均被归入此类服务（见表 1-1）。

表 1-1 UNCTAD 的潜在 ICT 技术支持的服务贸易分类标准

	ICT 服务贸易	其他潜在 ICT 技术支持的服务贸易
1	电信服务	销售和营销服务，不包括贸易和租赁服务
2	计算机服务	信息服务
3	计算机软件服务	保险和金融服务
4	其他计算机服务	管理、行政和后台服务
5	—	许可服务
6	—	工程、相关技术及研发服务
7	—	教育和培训服务

资料来源：UNCTAD。

UNCTAD 对数字贸易的范围界定和统计方法为各国际机构树立了参考标准。美国经济分析局（BEA）基于这一标准将数字贸易同样分为 ICT 服务和其他潜在ICT技术支持的服务贸易两类[1],并提供了数字贸易统计数据[2]。其中,针对ICT服务,BEA进一步在其下的计算机服务中增加云计算与数据存储服务类别。针对其他潜在ICT技术支持的服务贸易,BEA则在UNCTAD标准的基础上做出一定修改,涵盖如表1-2所示的服务类型[3]。

表1-2　　美国潜在ICT技术支持的服务贸易分类标准

	ICT服务贸易	其他潜在ICT技术支持的服务贸易
1	复制和/或分发计算机软件的知识产权许可使用费	保险服务
2	电信服务	金融服务
3	计算机服务	知识产权使用费*
4	计算机软件服务	信息服务
5	云计算与数据存储服务	其他商业服务中潜在的ICT支持服务
6	其他计算机服务	研发服务
7	—	专业和管理咨询服务
8	—	建筑、工程、科学和其他技术服务

---

[1] Grimm A. N. "Trends in U. S. trade in information and communications technology (ICT) services and in ICT-enabled services". *Surv. Curr. Bus*, 2016, No. 5. 05%20may/0516_trends_%20in_us_trade_in_ict_serivces2. pdf.

[2] https://apps.bea.gov/iTable/bp_download_modern.cfm?pid=4.

[3] Shari A. Allen, Alexis N. Grimm, Christopher Paul Steiner, and Rudy Telles Jr. "Trade in Services in 2019 and Services Supplied Through Affiliates in 2018", 2020, No. 10.

续表

	ICT 服务贸易	其他潜在 ICT 技术支持的服务贸易
9	—	与贸易有关的服务
10	—	个人、文化和娱乐服务中潜在的 ICT 支持服务
11	—	视听服务
12	—	其他个人、文化和娱乐服务

注：*此处的知识产权使用费不包含复制和/或分发计算机软件许可证的知识产权使用费。

资料来源：美国经济分析局（BEA），（1）lexis N. Grimm, "Trends in U. S. Trade in Information and Communications Technology (ICT) Services and in ICT-Enabled Services," Survey 96（May 2016）.（2）U. S. International Economic Accounts, 2022Updating Potentially ICT-Enabled Services for the 2020 Annual Update, https://apps.bea.gov/scb/2020/10-october/1020-international-services.htm#updating.

欧盟统计局（Eurostat）对外提供欧盟各经济体的服务贸易统计数据[①]，但并未设立数字贸易的界定标准，对与之相关的计算机服务则遵循 UNCTAD 的做法分为计算机软件服务及其他计算机服务两类。本报告参考美国的分类标准，使用 Eurostat 数据对欧盟数字贸易进行统计。

（二）数字贸易发展现状

总体而言，数字贸易是国际贸易中增长最快的国

---

① https://ec.europa.eu/eurostat/web/international-trade-in-services/data/database.

际贸易类型，但全球数字贸易发展出现了严重的不平衡现象。

1. 数字贸易总量变化

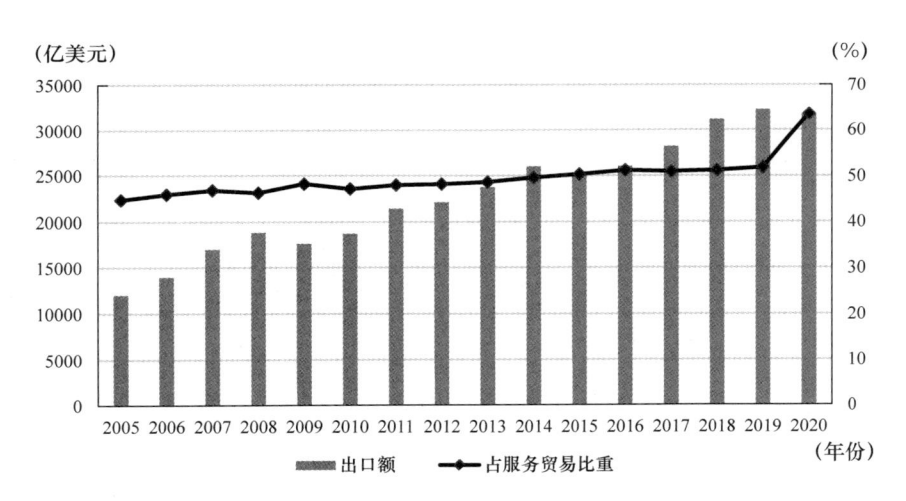

全球数字贸易出口从 2005 年的 12014 亿美元扩大到 2020 年的 31376 亿美元，年复合增长率 6.68%，大大超过同期货物贸易（3.52%）和服务贸易（4.21%）年复合增长率水平[①]。数字贸易出口额占服务贸易出口额的比重也从 2005 年的 44.73% 上升到 2020 年的 63.55%（见图 1-1），数字贸易正成为一种新的力量推动国际贸易增长。

图 1-1 世界数字贸易出口额及占世界服务贸易出口额的比重

———

① 数据来源 UNCTAD 网站，https://unctadstat.unctad.org/wds/ReportFolders/reportFolders.aspx，下文数据，如没有标注，均来自 UNCTAD 公布的数据。

图1-2和图1-3是全球主要经济体数字贸易出口额及占所在经济体服务贸易的比重，从图中我们可以看出，数字贸易在不同经济体都有不同程度的增长，而且数字贸易占服务贸易的比重也都有不同程度的上升。

全球数字贸易发展的基本特征是，第一，相对而言，ICT服务在数字贸易中的增长速度最快，但非ICT数字贸易仍然占绝对比重。在数字贸易中，ICT服务贸易的增长速度是最快的，全球ICT服务贸易出口额从2005年的1833.6亿美元增加到2020年的9267.5亿美元，年复合增长率达到11.41%。ICT服务数字贸易出口额在全球数字贸易出口额中的占比也在逐年增加，2015年其占比为10.13%，而到2020年，这一数字增至15.83%。非ICT服务数字贸易2005—2020年的年复合增长率为7.84%，低于ICT服务贸易的年复合增长率，但同样高于货物贸易的增长率。

对比之下，非ICT服务数字贸易出口额占数字贸易出口额比重为90%左右，说明数字贸易的主要来源是除ICT服务外的其他服务贸易数字化，而不是来自于以数据服务为主要服务对象的ICT服务，这可能来自两个方面的原因，一是现有许多ICT服务是免费服务，例如通信服务，原来跨境间的电话服务被免费的邮件服务和视频服务替代，二是信息与通信服务的相对价格下降，相

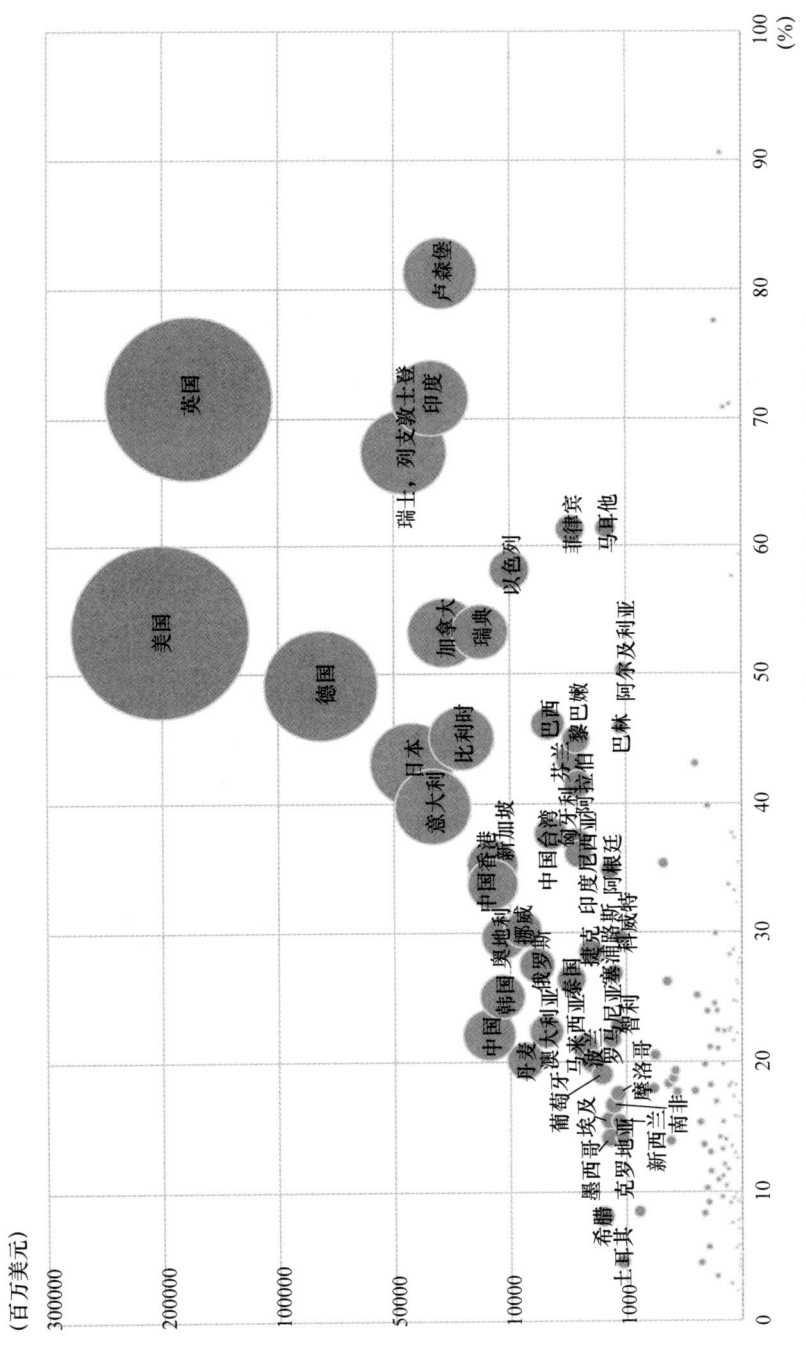

图1-2 2005年数字贸易出口额及占各经济体服务贸易出口额的比重

图 1-3 2020年数字贸易出口额及占各经济体服务贸易出口额的比重

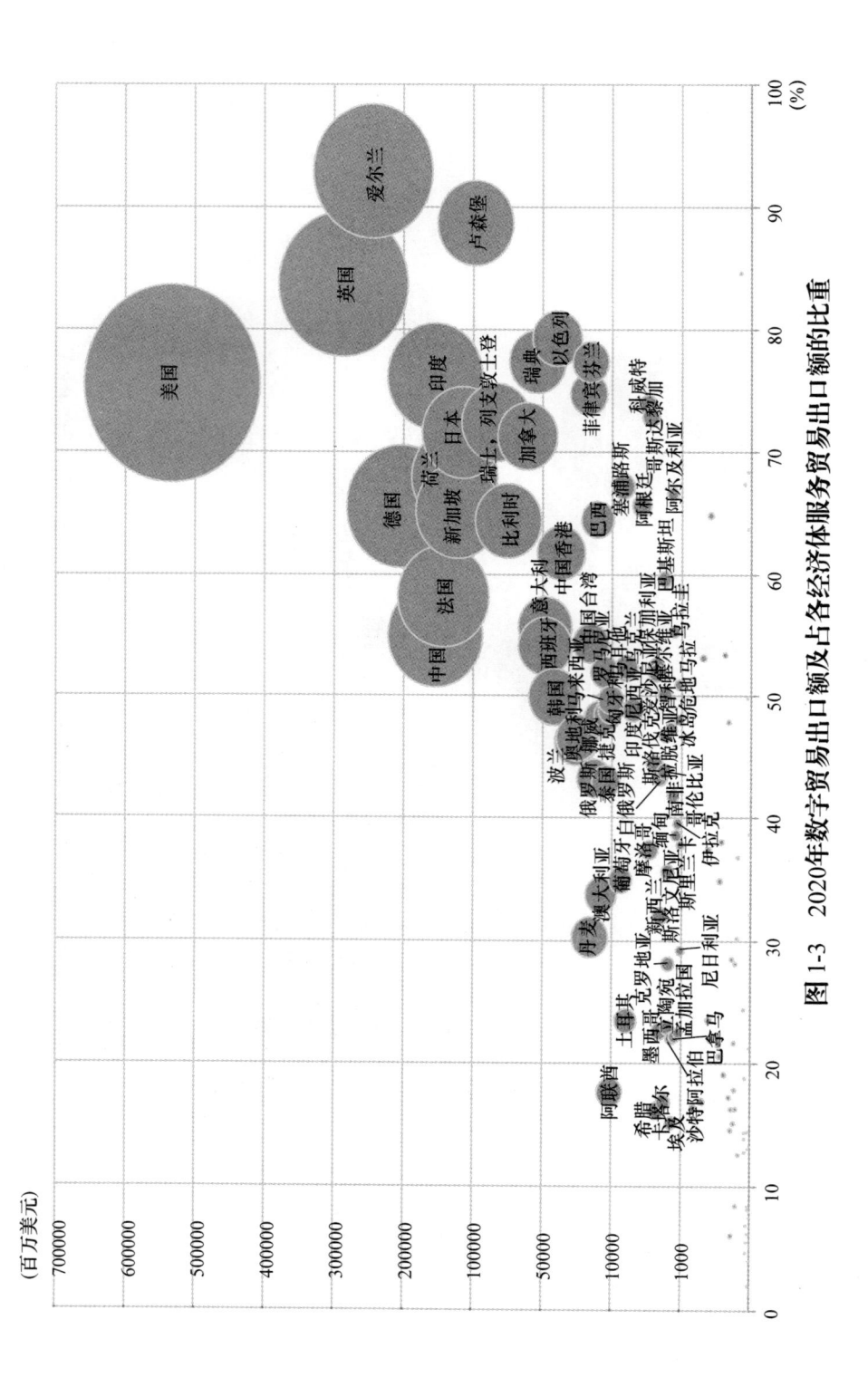

对含有知识产权的数字化商业服务，信息与通信服务更具有规模经济和范围经济，数字平台的网络效应进一步降低了信息与通信服务成本（见图1-4）。

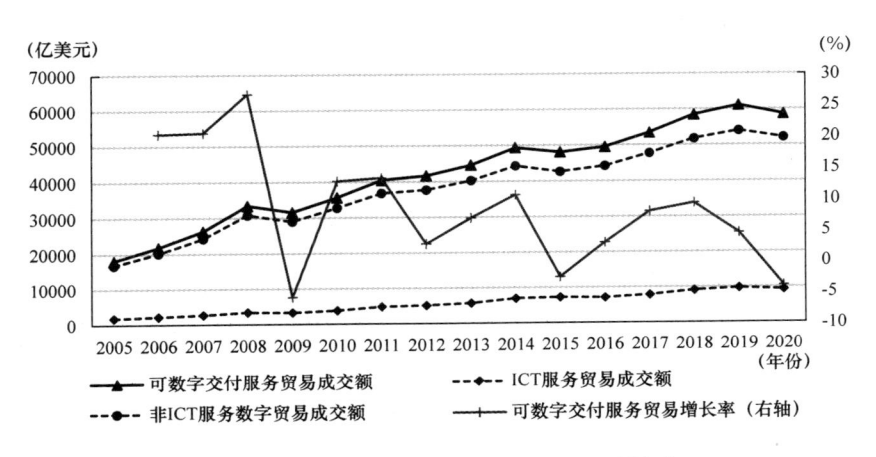

图1-4 全球数字贸易成交额及增长率

第二，相比货物贸易，数字贸易在不同经济体之间的差距更大。2020年，进口和出口规模最大的前十大经济体分别占全球数字贸易出口和进口的比重为60.8%、65.78%，其中美国一家独大，2020年美国数字贸易进口和出口分别占全球的比重为15.16%、18.63%。这说明相对货物贸易，数字贸易在不同经济体分布不平衡状况相对更为严重。第三，服务贸易的数字化发展趋势明显。数字技术的发展突破了原来服务主要采用边生产和边消费的服务贸易模式，全球数字平台为服务的存储和传输提供了可能，传统的商业存在和自然人流动部分被跨境交付模式替代。而且数据爆发式增长带来了数据服务的新型服务贸易形态，例如专门为个人、企业和政府提供数据安全、隐私保护、存储和传输等数字服务的生态系统。

2. 不同国家数字贸易发展模式

由于不同国家经济发展阶段不同，数据要素禀赋不同，因而形成了不同的数字贸易发展模式。从目前不同国家数字贸易发展的路径看，存在着五种数字贸易发展模式。

模式Ⅰ：综合型数字贸易发展模式。这种模式具有数据服务的综合优势，其所在国家的数字跨国公司和产品（服务）跨国公司是全球数字贸易的主导者，并根据各经济体的数据丰裕度和数字贸易成本，形成全球数字贸易网络体系。从目前看，这种模式在全球只有美国一个国家，最主要的原因是全球数字跨国公司基本被美国垄断，而欧日等发达国家尽管有产品（服务）跨国公司的优势，但他们缺乏数字跨国公司。由于美国在数字技术以及原有工业、服务技术在全球的优势地位使美国在数字贸易的所有细分领域都具有优势，而且根据数据成本形成了美国跨国公司主导下的全球数据国际分工体系和数字贸易网络体系。

模式Ⅱ：专业性数字贸易发展模式。专业性数字贸易是指为产品（服务）提供专业化跨境数据服务而产生的数字贸易，例如为研发服务、金融服务、专利服务、检测维修、物流与供应链等提供数据化跨境服务。这种模式以产品（服务）跨国公司作为全球竞争优势，通过产品（服务）的数字化转型，实现对部分货物贸易和服务贸易的替代，并衍生出新型数字贸易，其数字贸易网络是建立在传统产品（服务）的全球网络体系基础上。这种类型的国家主要是日本、英国、德国、法国、意大利和韩国等传统工业经济和服务经济大国和强国，还有像瑞典、荷兰、比利时、瑞士、以色列和丹麦等在某个领域的产品（服务）跨国公司大国，相对日本、英国、德国和法国等国家，瑞典等国家跨国公司的经济体量相对比较小，涉及行业领域相对比较少。在数字经济时代，跨国公司是全球产业数字化专业的主要推动者，通过数据基础设施和数字技术的投入，跨国公司正成为从数据服务中获得收益的第三种收入来源（González 和 Ferencz，2020）[1]。

模式Ⅲ：承接发达经济体数字贸易发展模式。这些经济体充分利用本国数字技术和数字要素密集型的优势，或者成为数字贸易的外包基地，或者成为数字贸易的全球或者区域枢纽中心。这种发展模式以印度、新加坡、爱尔兰和卢森堡最为典型。印度是传统信息服务外包的主要国家之一，其优势是已经形成了信息技术外包

---

[1] Nguyen D., Paczos M. Measuring the Economic Value of Data and Cross-Border Data Flows A Business Perspective [R]. OECD Digital Economy Papers, 2020.

的生态优势，这种优势主要体现为印度集聚了全球最主要的信息技术外包本土和国外跨国公司，印度是拥有全球最多 ISO-9000 认证软件企业的国家之一，占全球所有 CMM 5 级认证公司的 75% 以上。① 印度在软件人才和成本方面具有明显的优势。另外，印度也注重法律制订，《信息和技术法》是外包公司的一项重要立法，涉及处理在线交易、数据保护、网络犯罪、电子通信和存储信息等条款。《2011 年信息技术规则》（SPDI）是在《信息技术法》的基础上为合理的安全实践提供了示范性标准。② 爱尔兰数字贸易的核心是为美国和欧盟等发达经济体提供计算机服务，2020 年计算机服务出口额达到 1341.8 亿欧元，占爱尔兰服务出口额的 54.98%，其主要业务包括核心软件开发、电子学习、产品定制、软件测试等。与印度相同，爱尔兰除了具有完整的软件生态系统，并拥有本土 900 家软件公司外，还集聚了全球数字跨国公司和软件企业以及完备的法律体系，与印度不同的是，爱尔兰采取低税则方式吸引国外数字服务企业。卢森堡则充分利用全球金融机构集聚的优势，成为金融数字贸易枢纽。

---

① https://www.kearney.com/digital/article/-/insights/the-2021-kearney-global-services-location-index.

② Manik Sharma, Why India Has Become the Premiere IT Outsourcing Destination of the World? https://www.yourteaminindia.com/blog/india-become-premiere-it-outsourcing-destination.

模式Ⅳ：综合性中低端数字贸易模式。在全球只有中国适合这种类型，这种模式的特点：一是数字技术具有一定的竞争力，全球数字平台形成了在数据服务领域的局部竞争优势。二是中国有着丰富的软件人才优势以及相对低廉的人工成本，因而也成为全球ITO服务外包基地之一。三是中国充分利用货物贸易的竞争优势，成为全球跨境电子商务企业的集聚地，形成了完整的跨境电子商务生态圈，以跨境电子商务为新型贸易形态成为数字贸易的主要领域。

模式Ⅴ：依托货物或服务优势下的数字贸易模式。对于大多数发展中国家而言，既没有数字技术优势，也没有产品（服务）跨国公司这样具有竞争力的本土企业。这些国家依托现有货物贸易或者服务贸易的优势，通过贸易数字化实现数字贸易。这些国家的货物贸易主要是农产品或者中低端工业品，通过数字平台，进入到全球价值链体系。这些国家的服务贸易，主要是具有旅游优势的服务业，通过数字平台，扩大旅游服务贸易。

（三）中国数字贸易实践

数字贸易发展对畅通国内国际双循环、增强经济发展的韧性具有重要的意义。中国数字贸易发展经历了快速增长。以数据为要素、服务为核心、数字技术深度赋能为特征的数字贸易在中国蓬勃兴起。

1. 数字交付贸易

第一,从中国数字贸易来看,中国的数字贸易出口经历了快速增长,出口规模从 2005 年的 173.48 亿美元增长到 2020 年的 1543.8 亿美元,年复合增长率达 15.69%。数字贸易出口额占服务贸易出口额的比重也在不断提升,从 2005 年的 22.1% 提高到 2020 年的 55.01%,数字贸易逐渐在中国服务贸易出口占据主导。但相对于世界整体规模而言,中国数字贸易出口体量仍较小。尽管占世界数字贸易出口比重从 2005 年的 1.44% 增长到 2020 年的 4.87%,增长速度较快,但整体占比仍较小,增长空间较大。

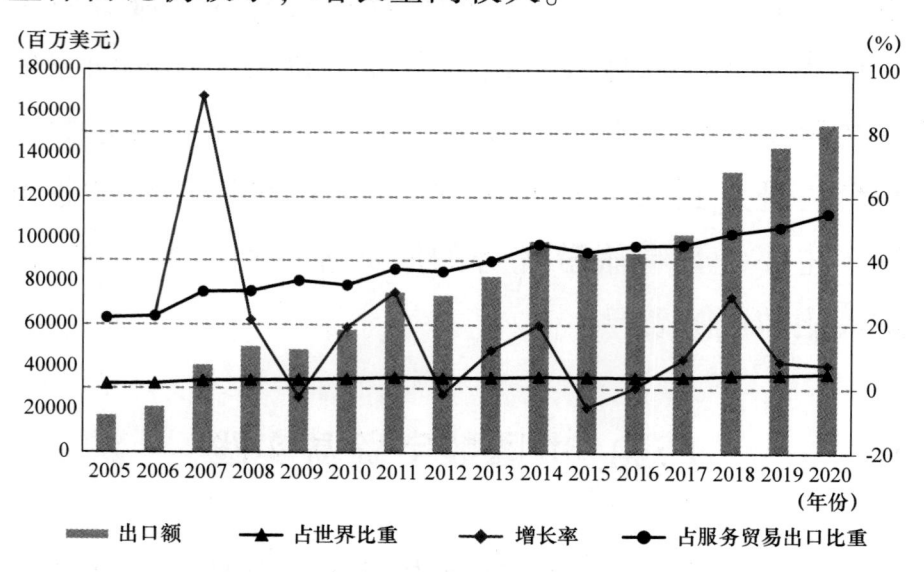

图 1-5　中国数字贸易出口额及其增长率和占比

资料来源:UNCTAD。

中国数字贸易进口同样经历了快速增长，但整体增速较数字贸易出口略慢，且少数年份出现了下滑，2005年到2020年的年复合增长率为10.43%，整体规模从2005年的315亿美元增长到1396.1亿美元；数字贸易进口额占服务贸易进口额比例未发生较大变化，基本维持在30%—40%之间。

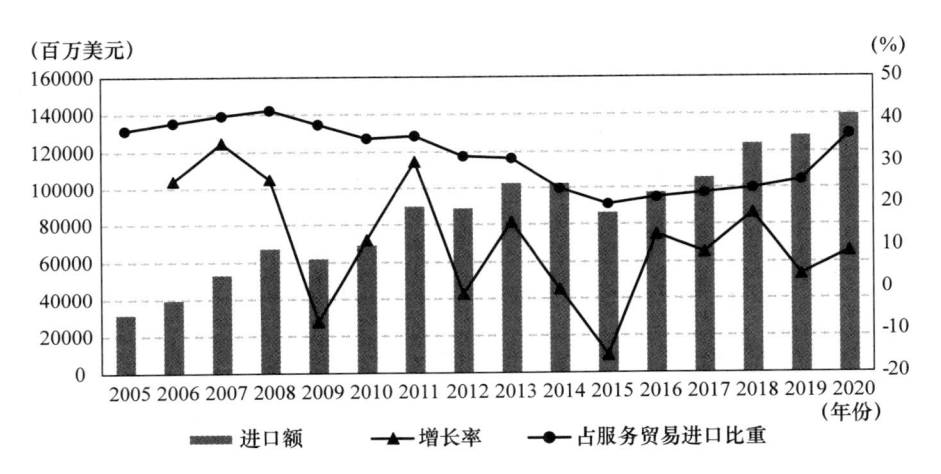

图1-6 中国数字贸易进口额及其增长率和占比

资料来源：UNCTAD。

第二，从数字贸易的重要组成ICT服务贸易来看，中国ICT服务贸易出口增速较数字贸易整体增速更高，尤其是2018年增速达69.47%，2005年到2020年的年复合增长率达24.06%，出口额从2005年的23.25亿美元增长到2020年的590.34亿美元，占服务贸易出口比重也从2005年的2.96%增长到2020年的21.03%。

(百万美元) (%)

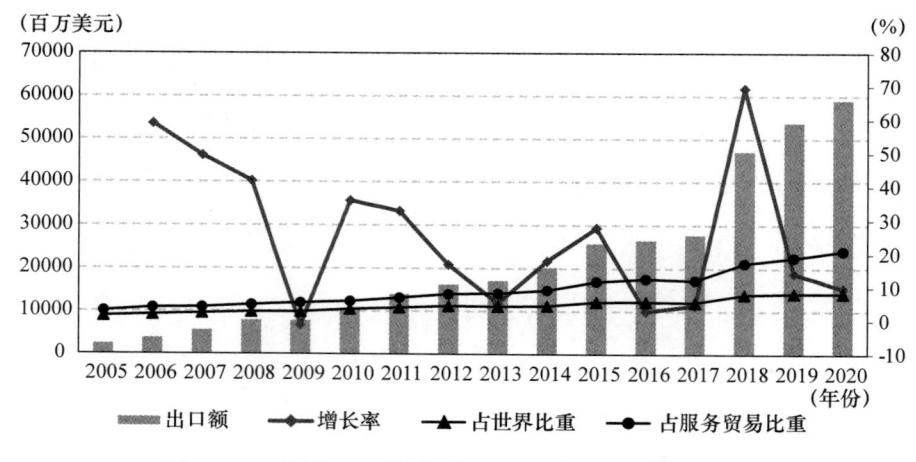

图 1-7 中国 ICT 服务出口额及其增长率和占比

资料来源：UNCTAD。

ICT 服务贸易进口增速略慢，但除 2009 年到 2010 年受金融危机影响为负增长之外，其他时间仍保持了较快的增速，整体规模从 2005 年的 22.23 亿美元增长到 2019 年的 268.6 亿美元。占服务贸易进口额的比重从 2005 年的 2.65% 增长到 2019 年的 5.36%。

2. 数字订购贸易①

从跨境电商市场来看，2021 年中国跨境电商进出口总额约为 1.92 万亿元，同比增长 18.6%，占进出口总额的 4.9%。其中，出口约 1.39 万亿元，进口约 0.53 万亿元，出口占比超过 70%。

---

① 数字订购包括货物和服务两个方面的数字订购。由于服务方面的相关数据没有可靠的统计来源，这里只分析货物的数字订购。

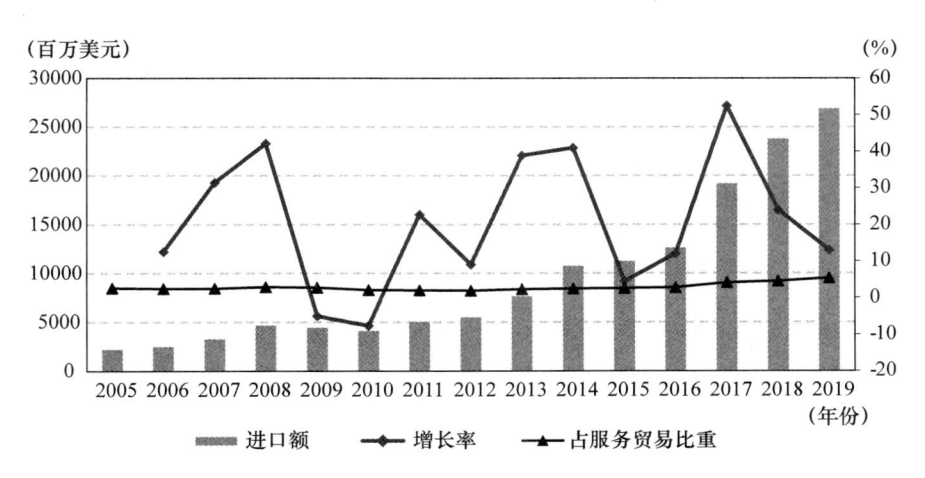

图 1-8　中国 ICT 服务进口额及其增长率和占比

注：资料来源为 UNCTAD，但其未包含中国 2020 年 ICT 服务进口数据，故统计到 2019 年。

表 1-3　　2019—2021 年中国跨境电商进出口总体情况

年份	金额（亿元）			同比（%）			出口进口比例（%）
	进出口	出口	进口	进出口	出口	进口	
2019	12903	7981	4922	22.2	30.5	10.8	1.6
2020	16220	10850	5370	25.7	39.2	9.1	2.0
2021	19237	13918	5319	18.6	28.3	-0.9	2.6

资料来源：商务部《中国电子商务报告 2021》，其中跨境电商进出口为全业态口径，以在线成交的进出口货物为统计范围，包括并不限于海关监管方式"网购保税"（代码 1210、1239）、"跨境直购"（代码 9610）、"跨境电商企业对企业直接出口"（代码 9710）及"跨境电商出口海外仓"（代码 9810）项下进出口货物。

从跨境电商贸易伙伴来看，2021 年中国跨境电商出口额排名前十的国家（地区）分别为：美国、马来西亚、英国、韩国、日本、加拿大、新加坡、荷兰、菲律宾和澳大利亚，总占比约为34.46%；跨境电商进口额排名前十的国家（地区）分别为：中国香港、韩国、日本、美国、澳大利亚、荷兰、德国、新西兰、法国和英国，总占比约为18.95%[①]。

从跨境电商的地区发展来看，自2015年起，国务院先后批复设立7批跨境电商综合试验区，总数达165个，覆盖全国31个省份。东部沿海地区是跨境电商发展的集聚区，其中跨境电商进出口总额排名前五的省份分别为：广东、山东、福建、浙江和河南。但其他地区也在快速发展，尤其是近两年国家批复的综合试验区更多地集中在中西部地区和欠发达地区。

表1-4　　　　　中国跨境电商综合试验区

批次	设立城市（区）	设立时间
第一批（1个）	杭州市	2015年3月
第二批（12个）	天津市、上海市、重庆市、合肥市、郑州市、广州市、成都市、大连市、宁波市、青岛市、深圳市、苏州市	2016年1月
第三批（22个）	北京市、呼和浩特市、沈阳市、长春市、哈尔滨市、南京市、南昌市、武汉市、长沙市、南宁市、海口市、贵阳市、昆明市、西安市、兰州市、厦门市、唐山市、无锡市、威海市、珠海市、东莞市、义乌市	2018年7月
第四批（24个）	石家庄市、太原市、赤峰市、抚顺市、珲春市、绥芬河市、徐州市、南通市、温州市、绍兴市、芜湖市、福州市、泉州市、赣州市、济南市、烟台市、洛阳市、黄石市、岳阳市、汕头市、佛山市、泸州市、海东市、银川市	2019年12月

---

① 资料来源：商务部《中国电子商务报告2021》。

续表

批次	设立城市（区）	设立时间
第五批 （46个）	雄安新区、大同市、满洲里市、营口市、盘锦市、吉林市、黑河市、常州市、连云港市、淮安市、盐城市、宿迁市、湖州市、嘉兴市、衢州市、台州市、丽水市、安庆市、漳州市、莆田市、龙岩市、九江市、东营市、潍坊市、临沂市、南阳市、宜昌市、湘潭市、郴州市、梅州市、惠州市、中山市、江门市、湛江市、茂名市、肇庆市、崇左市、三亚市、德阳市、绵阳市、遵义市、德宏傣族景颇族自治州、延安市、天水市、西宁市、乌鲁木齐市	2020年4月
第六批 （27个）	鄂尔多斯市、扬州市、镇江市、泰州市、金华市、舟山市、马鞍山市、宣城市、景德镇市、上饶市、淄博市、日照市、襄阳市、韶关市、汕尾市、河源市、阳江市、清远市、潮州市、揭阳市、云浮市、南充市、眉山市、红河哈尼族彝族自治州、宝鸡市、喀什地区、阿拉山口市	2022年1月
第七批 （33个）	廊坊市、沧州市、运城市、包头市、鞍山市、延吉市、同江市、蚌埠市、南平市、宁德市、萍乡市、新余市、宜春市、吉安市、枣庄市、济宁市、泰安市、德州市、聊城市、滨州市、菏泽市、焦作市、许昌市、衡阳市、株洲市、柳州市、贺州市、宜宾市、达州市、铜仁市、大理白族自治州、拉萨市、伊犁哈萨克自治州	2022年11月

资料来源：根据公开资料整理。

3. 中国与美国、欧盟间数字贸易特征

从中美两国之间数字贸易的发展特征看，首先，中美两国间数字贸易增长快速，2006年到2020年间中国对美国数字贸易出口年复合增长率达到15%，进口为12.2%，超过了同期货物贸易和服务贸易的年复合增长率。其次，从中美两国数字贸易快速增长的原因看，非ICT数字服务成为主要推动力。2006年，中国从美国非ICT服务进口为28.9亿美元，到2020年增加到149.8亿美元，年复合增长率为12.5%，同期非

ICT 服务出口的年复合增长率为 18.7%。最后，从细分部门看，在 ICT 细分服务部门中，中国从美国复制和/或分发计算机软件许可证的知识产权使用费以及计算机服务进口保持高增长，尤其是计算机服务，增速达 23.9%。而在非 ICT 细分服务部门中，中国出口到美国的金融服务、专业和管理咨询服务、研发服务和保险服务保持了快速增长，尤其是研发服务和保险服务，年复合增长率分别达到 27% 和 32%。

表 1-5　　　中国对美国分部门数字贸易进出口及年复合增长率　　（单位：亿美元，%）

部门＼内容	进出口	2006 年 金额	2006 年 份额	2020 年 金额	2020 年 份额	年复合增长率
电信服务	进口	1.2	3.4	1.0	0.5	-1.4
	出口	1.6	15.0	1.5	1.9	-0.6
复制和/或分发计算机软件许可证的知识产权使用费	进口	5.3	14.6	16.2	9.0	8.4
	出口	0.2	1.7	0.8	1.0	10.9
计算机服务	进口	0.7	1.9	14.0	7.7	23.9
	出口	2.5	23.2	2.5	3.3	0.0
ICT 服务合计	进口	7.2	19.9	31.3	17.3	11.1
	出口	4.4	39.9	4.8	6.2	0.7
金融服务	进口	7.1	19.6	45.0	24.8	14.1
	出口	0.6	5.4	9.6	12.5	22.1
专业和管理咨询服务	进口	5.0	13.8	15.0	8.3	8.2
	出口	3.6	32.8	23.0	29.7	14.2
信息服务	进口	0.3	0.9	2.4	1.3	15.3
	出口	0.1	0.6	0.2	0.3	8.5

续表

部门 \ 内容	进出口	2006年 金额	2006年 份额	2020年 金额	2020年 份额	年复合增长率
知识产权使用费	进口	9.9	27.6	66.7	36.8	14.6
	出口	0.68	6.2	2.5	3.2	9.7
研发服务	进口	0.3	0.9	3.3	1.8	17.6
	出口	0.9	8.5	26.5	34.4	27.0
保险服务	进口	0.5	1.3	3.5	2.0	15.3
	出口	0.04	0.4	1.9	2.5	32.0
非ICT服务合计	进口	28.9	80.1	149.8	82.7	12.5
	出口	6.6	60.1	72.4	93.8	18.7
数字贸易合计	进口	36.0	100.0	181.1	100.0	12.2
	出口	10.9	100.0	77.2	100.0	15.0

注：＊这里统计的知识产权使用费扣除了复制和/或分发计算机软件许可证的知识产权使用费。

＊＊这里统计的复制和/或分发计算机软件许可证的知识产权使用费出口数据由于2006年数据缺失，使用2007年数据补充。

资料来源：美国经济分析局（BEA）。

从中国与欧盟数字贸易的发展特征看，首先，与美国相反，中国从欧盟数字贸易的年进口增长率超过年出口增长率，而且中国对欧盟数字贸易的逆差扩大。其次，从中国与欧盟两大经济体之间数字贸易快速发展的原因看，与美国不同，中国与欧盟在ICT服务和非ICT服务中的增长速度都比较快，其中进口年复合增长率分别为14.3%和14.1%，出口年复合增长率分别为8.0%和9.8%。最后，从具体细分部门看，在出口方面，ICT服务中的复制和/或分发计算机软件许可证的知识产权使用费保持较快增长，达到23.4%；非

ICT服务中研发服务和保险服务保持快速增长,增速分别为14%和15%。进口方面,ICT服务中计算机服务仍然保持了较快增长,复制和/或分发计算机软件许可证的知识产权使用费的进口增速更高,达到38.7%;非ICT服务中信息服务和知识产权使用费进口增速同样高于出口,且增速较高,分别达25.8%和18.6%。

表1-6　　　　中国对欧盟分部门数字贸易进出口及年复合增长率　　（单位:亿欧元,%)

部门	进出口	2010年 金额	2010年 份额	2020年 金额	2020年 份额	年复合增长率
电信服务	进口	2.4	3.3	2.6	1.0	0.8
	出口	1.5	3.1	2.2	1.9	4.3
复制和/或分发计算机软件许可证的知识产权使用费	进口	0.01	0.01	0.1	0.05	38.7
	出口	0.03	0.1	0.3	0.2	23.4
计算机服务	进口	18.0	25.1	74.8	27.7	15.3
	出口	3.8	8.0	9.0	7.6	9.0
ICT服务合计	进口	20.4	28.4	77.5	28.7	14.3
	出口	5.3	11.2	11.5	9.7	8.0
金融服务	进口	3.4	4.8	6.7	2.5	6.8
	出口	1.6	3.5	3.0	2.6	6.3
专业和管理咨询服务	进口	8.3	11.6	18.0	6.7	8.0
	出口	12.1	25.6	27.5	23.3	8.6
信息服务	进口	0.2	0.2	1.7	0.6	25.8
	出口	0.9	2.0	1.8	1.5	6.7
知识产权使用费	进口	17.6	24.6	96.8	35.9	18.6
	出口	2.1	4.4	2.5	2.2	2.1

续表

部门 \ 内容	进出口	2010 年 金额	2010 年 份额	2020 年 金额	2020 年 份额	年复合增长率
研发服务	进口	5.5	7.6	33.0	12.2	19.7
	出口	10.6	22.4	39.1	33.2	14.0
保险服务	进口	1.6	2.3	5.0	1.8	11.9
	出口	2.4	5.1	9.8	8.3	15.0
非 ICT 服务合计	进口	51.3	71.6	192.7	71.3	14.1
	出口	42.0	88.8	106.5	90.3	9.8
数字贸易合计	进口	71.7	100.0	269.7	100.0	14.2
	出口	47.3	100.0	118.0	100.0	9.6

注：*这里统计的知识产权使用费扣除了复制和/或分发计算机软件许可证的知识产权使用费

**欧盟并未披露其复制和/或分发计算机软件许可证的知识产权使用费进出口数据，因而使用可获得的所有欧盟成员进出口数据总和作为替代指标进行统计。

资料来源：欧盟统计局（Eurostat）。

（四）数字贸易发展趋势

以信息与通信技术为核心的第五次产业革命，已经带动全球经济、贸易和产业发生了系统性的创新飞跃。未来数字贸易趋势将进一步受到数字平台和网络、数字技术和产业升级，以及数据产生、处理、存储和专业分工等多种因素的共同影响。未来数字技术创新不仅会进一步扩大数字贸易的边界，而且促进了数字贸易不断向高附加值方向发展。

1. 互联网迭代与数字贸易提供方式转变

互联网改变了国际贸易方式和手段，是数字贸易发展的基础。从互联网诞生以来，互联网经历了二代互联网，开始出现第三代互联网。

第一代互联网的特点是只读网页，数据被限定在很小的范围，这种方式下消费者逐渐改变了获取信息的方式，在新闻、知识和音乐获取领域从原来的纸质书籍和报刊转变为互联网阅读方式，也使企业的广告从纸质转向互联网广告，数字音乐、数字广告和电子书等商业模式快速在互联网上传播，部分替代原来的唱片、纸质报刊和纸质书籍等货物贸易的交易方式。

第二代互联网是读写网络，出现了交互式互联网，而这种将全球生产者和全球消费者连接的企业是数字跨国公司，数字跨国公司通过数字基础设施和算法、算力技术控制了全球数据价值链（UNCTAD，2019）。[①]数字跨国公司通过全球数字平台实现生产产品、服务或数据的"生产者"和可能是免费用户或付费消费者的"消费者"之间的撮合平台，而通过全球数字平台网络效应形成生产者的规模经济和范围经济，以实现商品和服务的数字化及其数字交付。因而这一阶段改变了传统以实体网络为基础企业对企业国际贸易方式，B2B、B2C 成为国际贸易的重要实现方式，其数字贸易主要体现在两个领域，一是贸易数字化，相对而言

---

① UNCTAD，2019，*Digital Economy Report 2019*，*Value Creation and Capture: Implications for Developing Countries*，https://unctad.org/en/PublicationsLibrary/der2019_en.pdf.

服务贸易数字化的发展更快些，二是以数据为服务对象的数字贸易的发展，包括云计算等专业性数据服务贸易的产生。

第三代互联网是协议互联网，通俗点说就是读写执行网络，是关于人工智能（AI）驱动的服务、去中心化的数据结构和边缘计算基础设施。其基本特征是：第一，语义网，这是一种智能网络，它不仅能够理解词语和概念，而且能够理解它们之间的逻辑关系，使交流变得更有效率和价值。第二，普适性和连通性：适合多种终端平台，实现信息服务的普适性。第三，数据所有权归用户所有，价值转移不需要第三方授权。第三代互联网允许每个个人用户控制他们的数据实现价值创造，并利用区块链的协议创造与自动执行的技术，形成智能合约，用户在 Web2.0 互联网应用中的内容创造是在受平台审核限制、跨平台限制等多方面受限的，区块链的代币激励机制有效反馈内容经济的价值给创作者。

第三代互联网将改变全球数字价值链模式，也就是说，第二代互联网是基于全球数字平台控制下的数据价值链，而第三代互联网去中心化就是要去除平台对数据的控制，从而改变数字所有权和收益分配模式，其实质是改变数字贸易分配模式。第二代互联网的数字贸易模式是用户创造、平台所有、平台控制和平台受益，而第三代互联网的数字贸易模式是用户创造、用户所有、用户控制、协议分配利益。

第三代互联网处于发展的早期阶段，第三代互联网发展过程中存在着两个问题：一是第三代互联网访问所依赖的数字基础设施至今尚未实现，目前运行在以太坊上，不仅交易费用高，而且没有外部基础设施就无法扩展，不同网络或不同地理位置的以太坊节点之间存在高延迟差异。二是监管和执法问题，去中心化的网络也会使政府监管和执法变得非常困难。

2. 数字技术提高数字贸易附加值

在美国麻省理工学院2021年和2022年选出的10项前沿性技术中，GPT-3技术、TikTok推荐算法、超精准定位、加密中的股权证明、数字密码技术、基于蛋白质折叠的人工智能和数据信任七项属于数字前沿性技术[①]，说明数字技术已经成为全球前沿技术的关注焦点。在前沿性数字技术中，涉及人工智能领域的技术包括GPT-3、基于蛋白质折叠的人工智能和TikTok推荐算法。GPT-3是2020年5月人工智能研究实验室OpenAI发布的，GPT是（Generative Pre-training Transformer）生成式无监督预训练

---

① 资料来源：2021\2022 10Breakthrough Technologies。https://www.technologyreview.com/2022/02/23/1045416/10-breakthrough-technologies-2022/；https://www.technologyreview.com/2021/02/24/1014369/10-breakthrough-technologies-2021/#messenger-rna-vaccines。

的简称,这个模型包含的参数比 GPT-2 多了两个数量级(1750 亿 vs 15 亿个参数),超过 300 个应用程序正在通过 API 提供基于 GPT-3 的搜索、对话、文本完成和其他高级 AI 功能。[①] GPT-3 正朝着世界互动的人工智能迈出一大步。而基于蛋白质折叠的人工智能使人工智能进一步应用到生物制药领域,对未来生物制药起到重要的推进作用。字节跳动(TikTok)推荐算法则是,旨在帮助人们拥有更多个性化体验的推荐系统,进一步巩固了其在短视频领域的国际竞争优势。

这些数字技术的突破已经从原来贸易数字化转向复杂行业数字化,使数字贸易嵌入到复杂行业的全球价值链体系之中,以汽车行业的自动驾驶汽车(AV)和 AI 在生物制药领域的应用较为典型,也将成为高附加值数字贸易的重要来源。

全球自动驾驶汽车(AV)是各种网络系统和传感器的组合,可帮助计算机驾驶车辆,传感器处理、自适应算法、高处理地图和增强型人工智能等技术实现保障驾驶安全,同时实现网络安全和隐私保护。到 2030 年,全球自动驾驶汽车市场需求预计将达到 319.55 万辆。从 2022 年到 2030 年,该市场预计将以

[①] Build next-gen apps with OpenAI's powerful models. https://openai.com/blog/gpt-3-apps/.

53.6%的复合年增长率增长。[①] 目前谷歌有限责任公司（Google LLC）和特斯拉汽车公司（Tesla Motors）等技术供应商也已进入全球自动驾驶市场，传统汽车跨国公司通用汽车公司、大众汽车公司、梅赛德斯-奔驰公司和宝马公司等也加大了自动驾驶汽车技术的研发投资。世界主要经济体也在制订相应的法规和标准，力图成为全球自动驾驶汽车市场的主导者。[②]

全球自动驾驶系统将成为全球汽车价值链的一个重要组成部分，参与全球汽车国际贸易的利益分配。

人工智能在生物制药的应用主要体现为人工智能辅助疾病诊断、人工智能辅助新药研发和人工智能辅助基因数据分析三个领域。第一大领域是人工智能辅助疾病诊断通过采用卷积神经网络算法，利用机器学习方法构建临床诊断模型，实现对患者的高准确率诊断。第二大领域是在人工智能辅助新药研发方面，由于新药研发过程涉及文献资料、化合物数据、靶点数据、专利数据、临床试验数据、真实世界数据、药品

[①] Grand view research（2022），https：//www.grandviewresearch.com/press-release/global-autonomous-vehicles-market.

[②] U. S. DEPARTMENT OF TRANSPORTATION federal Automated Vehicles Policy，https：//www.transportation.gov/sites/dot.gov/files/docs/AV%20policy%20guidance%20PDF.pdf. Connected & Automated Mobility 2025：Realising the benefits of self-driving vehicles in the UK。https：//assets.publishing.service.gov.uk/government/uploads/system/uploads/attachment_data/file/1099173/cam-2025-realising-benefits-self-driving-vehicles.pdf.

审评审批数据和市场销售数据等海量、多源、异质性的数据，人工智能技术已逐渐跳出以靶点和分子筛选为核心的传统新药研发模式，形成以数据为核心的研发模式，目前跨国制药公司如 Merck，Novatis，Roche，Pfizer，Johnson & Johnsone 等部署了自己的人工智能系统，以提高新药的研发效率。[①] 第三大领域是人工智能辅助基因数据分析。传统的基因组关联分析（GWAS）大多只能检测单个点突变（SNP）与所研究疾病的关系，而 DeepWAS 提出的框架则能够根据功能单元，选择出一组 SNP 的集合，来更加综合地研究致病的基因突变，并能直接寻找调控区域的基因突变。[②]

随着人工智能在生物制药三大领域的应用越来越广泛，市场容量的扩大会产生以生物制药为行业背景的专业性人工智能企业，形成以数据收集、处理、存储和安全等业务的专业性数字贸易企业，其数字贸易的总量和结构与生物制药在全球的发展紧密相关。

3. 数据专业化分工与数据货币化趋势

数据在全球范围内的爆发式增长加快了企业的数

[①] Jing Y., Bian Y., Hu Z., Wang L., Xie X. S., "Deep Learning for Drug Design: an Artificial Intelligence Paradigm for Drug Discovery in the Big Data Era." *The AAPS journal*, 2018, Vol. 20, No. 3.

[②] Eraslan G., Arloth J., Martins J., Iurato S., Czamara D., Binder E. B., Theis F. J., Mueller N. S.: DeepWAS: Directly integrating regulatory information into GWAS using deep learning supports master regulator MEF2C as risk factor for major depressive disorder. bioRxiv 2016: 069096.

字化转型，这不仅表现为企业对国内数据的需求，也表现为企业对境外的数据需求。全球数据平台和产品（服务）跨国公司的数字化转型使中小微企业嵌入到全球价值链成为可能，但相对而言，中小微企业收集、存储和处理数据的能力相对比较弱，而越来越多的经济体提高了对数据安全和隐私保护等数字治理要求，这使相关行业和企业数字化进程中也面临着许多挑战，特别是中小微企业，其最大的挑战是安全性、支出、可靠性和专业知识，Flexera 公司对来自全球各行各业的 750 名技术专业人员进行了调查，81%的人表示安全性是一项挑战。[①] 这样，就需要专业性数据服务公司提供安全、隐私保护、数据存储和数据处理等服务，全球数据市场容量将进一步扩大。

全球数据专业化分工体系的形成使数据作为产品进行交易成为可能，公司通过向其他公司分享数据而取得额外收入的单边方法，也包括因获得服务而实现数据货币化。在欧盟，开始数据货币化的公司包括 Geo（英国公司，能源监测设备供应商）、Here（德国/荷兰公司，为个人和公司提供数字地图和定位服务的国际公司）、Michelin（法国公司，米其林轮胎）、Orange（法国公司，电信运营商）、Telefonica（西班牙

---

① Flexera（2021）COVID-19 accelerates cloud plans and spend as more organizations adoptmulti-cloud strategies STATE OF THE CLOUD REPORT, https://info.flexera.com/CM-REPORT-State-of-the-Cloud.

公司，电信运营商），TOMTOM（荷兰公司，导航服务商），Van den Borne Aardappelen（荷兰公司，智慧农业产业）。米其林作为世界知名的轮胎制造商，通过收集安装在轮胎和车辆上的传感器产生的数据，将数据产品作为有偿服务提供给汽车制造商和车队运营商等客户，最近也开始与保险公司分享数据。[①]而许多数字跨国公司参与甚至主导了数字货币化市场，根据联盟市场研究公司（Allied Market Research）测算，2020年全球数据货币化市场价值21亿美元，预计到2030年将达到154亿美元，从2021年到2030年的复合年增长率为22.1%。[②]从区域看，以北美主导数据货币化市场为主，微软、IBM和甲骨文是最主要参与者。

（五）小结

首先，数字贸易正成为一种新的力量推动国际贸易增长，数字贸易是国际贸易中增长最快的国际贸易类型，但全球数字贸易发展出现了严重的不平衡现象。具体表现在：第一，在数字贸易中，ICT服务贸易的

[①] the European Commission（2018），Study on data sharing between companies in Europe, pp. 61 – 62, https://op.europa.eu/en/publication-detail/-/publication/2d6d436e-4832-11e8-be1d-01aa75ed71a1/language-en/format-PDF.

[②] https://www.alliedmarketresearch.com/data-monetization-market.

增长速度最快；第二，数字贸易在不同经济体之间的差距更大，其中美国一家独大；第三，数字技术的发展突破了原来服务主要采用边生产和边消费的服务贸易模式，服务贸易的数字化发展趋势明显。

其次，不同国家经济发展阶段不同，数据要素禀赋不同，因此形成了不同的数字贸易发展模式。从目前不同国家数字贸易发展的路径看，存在着五种数字贸易发展模式，分别为综合型数字贸易发展模式、专业性数字贸易发展模式、承接发达经济体数字贸易发展模式、综合性中低端数字贸易模式，以及依托货物或服务优势下的数字贸易模式。

最后，从数字贸易结构看，无论在不同区域，还是在不同收入水平经济体之间都存在着数字贸易结构差异。美国不仅是全世界数字贸易出口比重最高的国家，而且也是进口比重最高的国家。未来数字技术创新不仅会进一步扩大数字贸易的边界，而且促进了数字贸易不断向高附加值方向发展。

二 数字贸易开放水平分析[*]

数字贸易开放是介于数字贸易完全管制和数字贸易自由的中间状态，不同国家对数字贸易开放度的选择取决于获取数字贸易利益、促进数字创新、保护国家安全和公民隐私等公共政策目标之间的权衡。

（一）数字贸易开放的理论探讨

数字技术加持下，数字贸易展现出区别于传统国际贸易的特征和属性。数字贸易限制措施也出现了区别于传统贸易监管措施的新的手段和工具。目前，各界对数字贸易开放并没有形成广泛共识。本报告将在分析数字贸易开放因素的基础上，厘清数字贸易限制

---

[*] 本章执笔人：东艳，中国社会科学院世界经济与政治研究所研究员、中国社科院大学国际政治经济学院教授；王岚，天津财经大学经济学院教授；张琳，中国社会科学院世界经济与政治研究所助理研究员。

和数字贸易壁垒之间的辩证关系，对数字贸易开放的内涵和逻辑进行理论阐释。

1. 数字贸易开放的内涵

数字自由贸易和数字贸易限制是一对"镜像"的概念，二者代表着全球数字贸易的两种发展方向。数字自由贸易推崇数字贸易自由化，以实现数字产品和服务在各经济体之间不加限制的进行贸易。而数字贸易限制则推崇对数字贸易进行规制。数字自由贸易是数字贸易的一种理想状态。在该状态下，没有任何的数字贸易限制措施，各国的数字产品和服务可以在世界范围内进行自由输入和输出。但是出于国民利益、国家安全以及经济发展利益（UNCTAD，2021）的考虑，数字贸易限制也有其存在的必要性和合理性（见表2-1），是一种普遍存在的现象。

表2-1　　　　　采取数字贸易限制措施的必要性

保护国民	国家安全/主权	经济发展
●隐私和数据保护 ●网络安全 ●敏感部门的监管 ●执法过程中的数据获取 ●数据伦理问题	●应对国外监视 ●保护关键基础设施 ●增强对国内互联网的管控 ●政治/社会/文化稳定	●构建本国数据头部企业 ●确保平等获取数据 ●用本国产品和服务满足本国需求

资料来源：UNCTAD, Digital Economy Report, 2021。

数字贸易开放是介于完全数字贸易限制与数字自

由贸易之间的一种状态。如果将完全数字贸易限制和数字自由贸易视为两种极端情况，那么现实中国家对这两种情况的偏倚程度就可以代表数字贸易开放程度。数字贸易限制措施越少，对数字自由贸易倾向性越强，数字贸易开放度就越高。相反，数字贸易限制措施越多，对数字贸易管制倾向度越高，其开放程度就越低。各国在数字自由贸易和数字贸易管制之前的取舍取决于不同公共政策目标之间的权衡，甚至有些时候，这些公共政策目标是矛盾的，比如监管和隐私，创新和数据保护以及贸易利益在国家和经济主体之间的分配等。如果一国将实现数字贸易利益作为优先考量，那么它就会倾向于减少数字贸易限制，采取更高的数字贸易开放度。如果一国在数字贸易中处于相对劣势或者将保护隐私和国家安全作为优先考量，那么就会倾向于通过数字贸易限制措施保护国家安全和经济发展利益。

2. 数字贸易限制措施的形式

为了更好地突出数字贸易限制措施作为新型贸易壁垒的特征，本报告选择按照 USITC（2017）的分类方法，将数字贸易限制措施分为专门针对数字贸易的政策措施（digital-specific measures）和能够影响数字贸易的传统市场准入和投资限制措施，并对不同组织、机构、经济体对数字贸易壁垒形式的界定进行梳理

(见表2-2)。其中，数字贸易启动环境、技术性限制措施、数据本地化要求、知识产权四个领域是数字贸易面临的新型贸易壁垒；投资和企业经营限制措施、国有企业和公共采购以及海关措施三个领域是数字贸易面临的传统贸易壁垒。

表2-2　主要国际机构、国家和组织对数字贸易限制性措施的描述

领域	美国国际贸易委员会（USITC）	美国贸易代表办公室（USTR）	美国议会研究服务（CRS）	亚太经济合作组织（APEC）	欧洲商会（Business Europe）
对数字贸易的歧视性措施					
	—	●将既有的规制不适当的运用于新的商业模式	—	—	●关于在线销售和在线交易的限制和歧视规则
获取数字产品或服务的障碍					
启动环境	●审查机制：对网络获取信息的限制	●云计算限制 ●限制网上广告 ●信息聚集费 ●网络过滤和封锁	●过滤、封锁和网络中立 ●网络安全风险 ●阻止在线服务的获取 ●网络拥堵时流量的自由裁量权	●网络中立 ●审查制度	—
数字贸易营商环境					
	●对外国企业的歧视性的许可和税费	●限制租用线路和VPN	—	●数据基础设施 ●差异性税收政策	—

续表

领域	美国国际贸易委员会（USITC）	美国贸易代表办公室（USTR）	美国议会研究服务（CRS）	亚太经济合作组织（APEC）	欧洲商会（Business Europe）
技术性限制措施	\multicolumn{5}{c|}{支付体系}
	●电子支付	●电子认证和电子签名 ●电子支付平台 ●其他的歧视性措施	—	—	●对支付方式的限制、在线支付需要得到许可等
	\multicolumn{5}{c|}{源代码等核心技术的使用与转让}
	●披露源代码 ●对密码的限制	●披露已加密的算法或源代码的要求	●网络安全风险（过分加密，加密数据的获取）	●对加密标准的妥协 ●源代码要求	●将质押源代码和秘钥作为进入市场的前提条件
	\multicolumn{5}{c|}{数据隐私保护}
	●各国对数据隐私保护的立场存在差异	—	—	●未经授权的个人数据信息和收集和整理	●冗繁的电子签名、网络安全和垃圾邮件管理措施
	\multicolumn{5}{c|}{标准和合规评估}
	●技术标准	●网络域名 ●电子产品 ●繁琐的符合安全标准评定程序	●国家标准和冗繁的一致性措施（本地注册和歧视性要求）	—	●网络标准：保护不充分和与国际实践的不一致

续表

领域	美国国际贸易委员会（USITC）	美国贸易代表办公室（USTR）	美国议会研究服务（CRS）	亚太经济合作组织（APEC）	欧洲商会（Business Europe）
数据本地化要求	数据存储和处理设施本地化				
	• 要求将数据存储或处理设备留在当地 • 要求在本地存储和加工数据 • 要求向政府披露数据中心的地址	• 强制要求将数据存储于一个司法管辖区域内或者将计算机设施设于当地	• 将（软件和硬件）的本地成分作为生产制造或参加政府采购的前提条件 • 使用当地的基础设施或计算设备 • 选用在本地有企业的合作方，并将技术或知识产权转移给合作方	• 基础设施本地化要求 • 本地成分要求	• 关于公司和服务数据和服务器本地化的要求
	数据跨境流动限制				
	• 限制个人数据或其他敏感数据跨境流动	• 完全禁止数据跨境流动	• 跨境数据流动限制	• 跨境数据流动限制	—
知识产权	知识产权侵权				
	• 包括版权、专利、商标或侵犯商业秘密在内的与数字产品或服务有关的知识产权侵权行为	—	• 外国网站为侵犯知识产权提供便利 • 软件盗版 • 设法规避技术保护措施 • 对商业秘密进行网络窃取 • 与域名相关的商标侵权	• 知识产权保护政策框架不完备	• 对版权、专利、商业秘密保护的不充分
	知识产权滥用				
	• 中间商的版权责任 • 从属性版权法律	• 由使用者生成的内容和行为引致的与知识产权无关的责任给互联网平台带来不合理的负担	—	• 网络中介的责任不明晰	—

续表

领域	美国国际贸易委员会（USITC）	美国贸易代表办公室（USTR）	美国议会研究服务（CRS）	亚太经济合作组织（APEC）	欧洲商会（Business Europe）
投资和企业经营限制	• 包括限制投资、贸易权以及分销权或其他核心商业功能在内的限制外国企业进入市场的措施 • 微量门槛和小型出口商	—	—	• 投资限制 • 竞争政策	• 排除外国公司，使其不能参与本地市场 • 产业政策（进口替代、本地成分要求） • 要求在本地设立分支机构 • 强制以公私合作和设立合资企业的形式进入本地市场
国有企业和政府采购	• 限制外国企业参与本国政府采购	—	—	—	• 限制外国投资者参与政府投标 • 与国有企业的不公平竞争
海关措施	• 不明确或过度复杂的海关措施	—	• 对与数字贸易密切相关的商品（如半导体、信息和通信技术设备、集成电路等）征收关税	—	• 对电子传输征收关税 • 对信息和通信技术产品征收关税

资料来源：根据 USITC（2013 和 2017）、USTR（2020）、Fefer 等（2019）、Pasadilla 等（2017）以及 Ciuriak and Ptashkina（2018）整理。

3. 数字贸易壁垒的内涵与特征

（1）数字贸易壁垒的内涵

数字贸易监管措施和数字贸易壁垒是两个相关但并不等同的概念。数字贸易监管措施是一个中性概念，它包括所有影响数字贸易的政策措施，只是有可能对数字贸易造成障碍。但不可以将凡是对数字贸易有限制作用的措施都称为数字贸易壁垒。那么，数字贸易壁垒的构成要件是什么？回答上述问题是数字贸易壁垒治理的前提，是实现数字贸易开放的基础。

1) 监管目标的合法性

以例外条款方式允许缔约方为了实现合法（legitimate）政策目标制订、采取并实施贸易监管措施，是国际贸易规则的通行做法。例如，《技术性贸易壁垒（Technical Barriers to Trade）协议》（简称 TBT 协议）在前言中指出："认识到不应阻止任何国家在其认为适当的程度内采取必要措施，保证其出口产品的质量或保护人类、动物或植物的生命或健康及保护环境或防止欺诈行为。"《实施卫生与植物卫生措施协议》（简称 SPS 协议）前言"重申不应阻止各成员为保护人类、动物或植物的生命或健康而采用或实施必需的措施"。因此，为实现合法目标而制定、采取或实施技术性措施是被允许的。同理，在数字贸易领域，为了实现公共政策目标，豁免缔约方在有关方面的义务也是被允许的。以 CPTPP 为例，在电子方式跨境信息传输（14.11）以及计算设施的位置（14.13）条款中，都规定为了实现合法公共政策目标不得阻止缔约方采取与取消数据跨境流动限制和计算设施本地化要求不一致的措施。因此，判断一项数字贸易监管措施是否构成数字贸易壁垒的第一步就是要看该项措施是否基于合法公共政策目标。如果不是，则可以认定该措施构成数字贸易壁垒。如果是，则需要进一步考察该措施的实施过程和实施效果。

2) 监管过程的合理性

第一，保护水平的制定是否使监管措施对贸易的限制达到最小，也即是否遵循自由贸易原则。在确保实现公共政策目标的同时最小化技术性措施对贸易的限制作用是 TBT 协议和 SPS 协议的核心宗旨。数字贸易保护水平的制定也应以最小化对数字贸易的消极影响为目标。第二，保税水平的制定是否以风险评估为原则。之所以有这样的规定，就是为了避免各成员在缺乏科学依据的情况下，主观上盲目夸大所面临的风险，以感知的而不是确实存在的风险为依据制定过高的保护水平。在数字贸易领域，数字贸易监管措施的制定也应以数字风险评估为基础。但是，由于尚未形成统一评估框架[①]。导致各国从自身角度评估风险并执行一系列的风险管控措施，这是未来数字贸易治理面临的主要困难之一。

---

① OECD（2015）提出了数字安全风险管理（Digital Security Risk Management）的基本原则，包括意识、技能和授权，责任，人权和基本价值观，合作，风险评估和处理周期，安全措施以及创新等。以此为基础，OECD（2019）制定了衡量数字安全风险的框架，包括人口统计、数字安全风险治理、数字安全风险评估、降低数字安全风险事件、数字安全风险转移实践、数字安全风险意识和培训六个模块。

3) 监管效果的合意性

第一，是否遵循非歧视原则，非歧视原则（包括国民待遇和最惠国待遇）是 WTO 的核心原则。TBT 协议以及 SPS 协议虽然允许缔约方为了合法目标采取相关技术措施，但是都以"这些措施的实施方式不得构成在情形相同的国家之间进行任意或不合理歧视的手段"为前提。因此，在数字贸易监管领域，是否遵循非歧视原则也是判定一项监管措施是否构成数字贸易壁垒的重要标准。如果一项监管措施在相同情形下对本国主体和外国主体存在差别待遇（违反国民待遇），或者对不同国家主体存在差别待遇（违反最惠国待遇），又或者对数字方式达成的交易设置更多的限制措施，都将构成数字贸易壁垒。

第二，是否对国际贸易造成变相的障碍，也即保护措施的严格程度是否超过达到保护水平所需的程度（程序与实体脱钩）。SPS 协议第 5.6 条就明确规定各成员应保证卫生与植物卫生措施对国际贸易的限制不超过为达到适当的卫生与植物卫生保护水平所需求的限度[①]。因此，在数字贸易领域，对于那些保护效果超过实现合法目标所必需的措施应视为数字贸易壁垒。以 CPTPP 为例，该协议 14.11.3（b）款规定各缔约

---

① 超过必要的限度是指从技术和经济科学可行性考虑存在可合理获得的另一措施，该措施可实现适用的卫生与植物卫生保护水平，并且对贸易的限制大大减少。

方对数据跨境流动施加的限制不应超过实现公共政策目标所需的限度。

综上，数字贸易监管措施是否构成数字贸易壁垒取决于以下几点：第一，是否出于维护国家安全、保护国民隐私等合法目标。第二，是否遵循非歧视原则，第一个层面是贸易方式的非歧视，也即是否平等对待传统贸易模式和以数字方式达成的贸易，第二个层面是贸易主体的非歧视，也即是否平等对待本国和外国数字产品和服务提供企业、数字产品、数字服务以及数字技术（技术中性原则），以避免监管措施引致的市场扭曲改变竞争条件给本国企业带来不正当的竞争优势。第三，是否满足最小且必要原则，也即所采取的数字贸易监管措施是否是实现合法公共目标所必需的，是否将措施限定于实现目标所必要的最小范围。第四，是否遵循良好监管实践，将监管措施对数字贸易的限制作用降到最低。

基于此，数字贸易壁垒应指以保护国内数字商品和服务免受外国竞争、人为刺激国内数字商品和服务出口等贸易保护主义为根本目的，以任意的、不合理的歧视性措施为手段，对贸易造成变相限制效果的数字贸易监管措施。因此，各国应致力于降低数字贸易壁垒，取消会对数字贸易造成不必要障碍的数字贸易限制措施，以营造更加开放的全球数字贸易环境。但同时也应关切发展中国家在发展数字贸易时的特殊需要，考虑其数字监管能力的差距。建议综合采纳多边贸易框架下公平竞争和鼓励发展原则，通过设置过渡期、要求发达国家提供技术援助等方式，在公平竞争的基础上确保发展中国家有机会享受数字经济带来的发展机遇，而不是被逐渐边缘化，避免"数字鸿沟"的扩大。

（2）数字贸易壁垒的特征

由于数字贸易壁垒和传统贸易壁垒之间的特殊关系，两者在实施主体、实施对象、实施方式及实施目的中有相似之处，但也存在诸多不同。

在实施对象方面，数字贸易中的贸易标的包括数字产品和服务，且随着时间的推移其包含的内容也在不断更新与迭代，因此传统贸易壁垒所规制的产品和服务难免存在盲区，依靠传统贸易壁垒无法规制所有数字产品和服务，需要数字贸易壁垒来实现。

从实施目的看，传统贸易壁垒和数字贸易壁垒都旨在通过"边境措施"或"边境后措施"增加政府财政收入、保护国内相关产业发展。但因数字产品和数字服务自身特殊性，数字贸易壁垒除了要实现传统贸易壁垒的目标之外，还要帮助实现维护国家战略安全、保护个人隐私等公共政策目标。这导致传统贸易壁垒无法对全品类数字产品和服务进行限制，需要更加多样的措施对其进行限制。因此，构筑数字贸易壁垒正是为了填补传统贸易壁垒的空缺以及消除数字产品和服务在各领域造成的负面影响。

从实施形式看,正是因为数字贸易壁垒在目的上有更加丰富的维度,也就意味着数字贸易壁垒的形式比传统贸易壁垒更加复杂多样,比如数据本地化措施、数据跨境流动限制、网络中间方中介责任、电子支付等。通过梳理可以发现,上述措施主要以"边境后措施(behind border measures)"为手段对外国企业向本国提供数字产品或服务进行限制,这是新型数字贸易壁垒的典型特征。

(二)数字贸易开放水平的测度

当前,学术界并没有测度数字贸易开放度的统一指标,而是通过构建不同形式的指标从不同层面反映数字贸易开放程度。本报告选择数字服务贸易限制指数、数字贸易限制指数以及数字贸易促进指数作为衡量数字贸易开放度的指标,对三个指标进行介绍和比较。

1. 数字贸易开放的测度指标

(1) 数字服务贸易限制指数

经济合作与开发组织(OECD)于2019年开发出数字服务贸易限制指数(Digital Service Trade Restrictiveness Index,DSTRI),旨在界定、分类和量化影响数字驱动服务贸易的监管壁垒，囊括了限制或禁止企业通过电子网络方式提供服务的措施。该指数具有两个重要特点：一是将研究分析对象聚焦于数字化的服务贸易，而非货物贸易；二是将研究重心定位于监管政策层面，而非数字服务贸易的发展环境（沈玉良等，2021）。它汇集了来自50个国家的可比信息，从基础设施与连通性、电子交易、支付体系、知识产权以及其他领域等方面建立评估框架（Ferencz，2019）。DSTRI指数计算所需的监管数据来自现有的服务贸易限制指数（Service Trade Restrictiveness Index，STRI）数据库。针对数字服务贸易的新型监管措施，数据来自公开可获得的法律和规定。

（2）数字贸易限制指数

欧洲国际政治经济研究中心（European Centre for International Political Economy，ECIPE）于2018年发布了数字贸易限制指数（Digital Trade Restrictiveness Index，DTRI）。DTRI的计算基于数字贸易评估数据库（Digital Trade Estimates，DTE）。该数据库针对64个经济体，梳理出了超过100个类别、总计超过1500项的针对数字贸易的限制性措施。尽管DTE能够展示数字贸易限制措施的集中领域，但是仅仅列出这些措施不足以准确评估这些措施的效果，因此ECIPE构建了DTRI指数。DTRI界定的数字贸易限制措施须满足以下条件：（1）对数字商品或服务的国外提供者存在歧视；（2）对数字提供方式存在歧视，也即对线上交易制定比线下交易更严格的限制措施；（3）过度冗繁的政策措施，指那些以非经济目标为目的同时会带来巨大扭曲的政策措施。DTRI 涵盖的政策措施共涉及 4 个主要领域：财政限制、建立限制、数据限制以及交易限制，并可进一步细分为 13 个议题和 45 项具体措施（Ferracane 等，2018）。

（3）全球数字贸易促进指数

DSTRI 和 DTRI 两个指数的共同点在于都是从一国监管政策的角度去分析限制数字贸易发展的因素。但是，以监管政策为出发点评估数字贸易限制情况得出的结论，会在一定程度上忽视了发展中国家监管治理水平相对落后的现实，从而高估发展中国家的数字贸易限制程度（沈玉良等，2021）。为此，全球数字贸易促进指数旨在以如何创造一个有利于数字贸易发展的综合环境为视角，从市场准入、基础设施、法律政策环境和商业环境 4 个层面对数字贸易发展环境的质量进行综合评价。全球数字贸易促进指数由上述 4 个领域的子指数构成，子指数又由 8 个支柱组成，并根据各子指数和支柱的重要性，赋予其不同的权重。

2. 数字贸易开放指标比较

DSTRI、DTRI 以及全球数字贸易促进指数都是对数字贸易壁垒测度的有益尝试，但是各有侧重。第一，评估理念不同。前两个指数主要从监管政策层面考察数字贸易限制程度，而全球数字贸易促进指数则更多地从数字贸易发展环境层面分析基础设施、制度政策以及技术能力等因素对数字贸易的影响。

第二，评估重点不同。DSTRI 作为 STRI 的衍生物，在继承 STRI 的主体结构基础上，增加了歧视性电子商务许可、数据本地化、数字贸易争端解决等反映数字服务贸易特征的指标，因此 DSTRI 更加关注对数字服务贸易有影响的限制措施。与 DSTRI 相比，DTRI 不仅涵盖数字服务贸易的监管措施，还涉及与数字贸易有关的货物贸易监管措施（比如 ICT 产品的关税和贸易救济措施等），且在数字贸易的歧视性待遇以及与数字贸易有关的税收政策上更加细化和完善。但是，DTRI 的不足在于未考虑基础设施和支付体系可能对数字贸易造成的障碍。区别于 DSTRI 和 DTRI，全球数字贸易促进指数则更加关注包括基础设施在内的数字贸易启动环境，并未涉及技术性措施、数据本地化、知识产权等监管领域（对于三个指数的比较请详见表 2-3）。第三，时间跨度不同。DSTRI 能够获取的时间跨度为 2014—2021 年，而 DTRI 目前仅能获得一年的公开数据，而全球数字贸易促进指数能获得 2019 年和 2020 年两年的数据，这在很大程度上限制了这两个指数的适用性。

表 2-3　　　　DSTRI、DTRI 以及全球数字贸易
促进指数涵盖范围比较

领域	具体形式	DSTRI	DTRI	全球数字贸易促进指数
启动环境	基础设施	• 网络运营商之间的互联程度	—	• 支柱2：ICT基础设施和服务 • 支柱3：支付基础设施和服务 • 支柱4：交付基础设施和服务
	对数字贸易的歧视性措施	• 发放电子商务许可证的歧视性条件	• 对特定产品在线销售的限制 • 线上销售消费者保护的歧视性措施	—
	获取数字产品或服务的障碍	• 限制或阻止使用通信服务的措施 • 下载和流量的限制 • 线上广告的限制	• 网络内容的审批和过滤 • 带宽和网络中立 • 其他与内容获取相关的限制性措施	• 支柱1：数字贸易有关的部门开放
	数字贸易营商环境	• 缺乏有效的争议解决机制 • 缺乏针对网络环境下反不正当竞争行为的有效管制措施 • 非居民企业在线税收注册和申报的可能性 • 版权和商标相关的国内政策对外国公司存在歧视性	• 对数字产品征税 • 对线上服务征税 • 数字使用税 • 歧视性税收和补贴 • 履行交易的壁垒 • 域名注册限制 • 对数字产品的进口限制 • 对数字产品的出口限制	• 支柱5：法律环境 • 支柱6：安全环境 • 支柱7：数字技术能力 • 支柱8：数字技术应用

续表

领域	具体形式	DSTRI	DTRI	全球数字贸易促进指数
技术性措施	支付体系	●使用特定支付方式的限制 ●在其他领域未涵盖的与网络银行相关的限制性措施	—	—
技术性措施	源代码等核心技术的使用和转让	●强制使用本地软件或强制性技术转让	●强制使用特定技术或标准 ●要求转让专利、披露源代码或商业机密	—
技术性措施	数据隐私保护	●禁止使用电子身份验证的措施	●数据隐私的主体权利 ●数据隐私的管理性要求	—
技术性措施	标准和合规评估	●偏离国际公认的电子合同规则 ●国家支付安全标准偏离国际标准	●电信标准 ●产品安全认证 ●产品筛选和检验 ●加密 ●其他与技术标准相关的限制性措施	—
数据本地化	数据存储和处理设施本地化	●特定数据必须存储在本地	●本地成分要求	—
数据本地化	数据跨境流动限制	●跨境数据流动的限制措施 ●禁止数据流动	●数据跨境流动限制 ●数据保存期限要求	—

续表

领域	具体形式	DSTRI	DTRI	全球数字贸易促进指数
知识产权	知识产权侵权	●缺乏针对在线交易环境中版权和商标侵权行为的有效处理机制	●专利 ●版权 ●商业机密 ●其他与知识产权有关的限制性措施	—
	知识产权滥用	—	●提供安全港的框架 ●通知和追溯制度 ●其他与中介责任相关的限制性措施	—
投资和企业经营限制措施		●将设立本地商业存在作为提供跨境服务的前提	●外资投资限制：外资所有权限制；对董事会主席和经理国籍的限制；对投资和并购的审查；其他与外资有关的限制措施 ●竞争政策：电信部门自由化；其他限制性措施 ●商业流动：数量限制、劳动力市场测试以及国外自然人的停留期限限制；其他与商业流动相关的限制性措施	—
国有企业和政府采购		—	●针对本国企业的优惠采购政策	—
海关措施		—	●ICT产品及其中间品的关税 ●贸易救济措施	—

资料来源：笔者整理。

（三）数字贸易开放水平的分析

1. 全球数字贸易开放水平的整体特征和趋势

图 2-1 利用 DSTRI 指数对 2021 年 76 个经济体[①]的数字服务贸易限制程度进行比较。从图中可以看到：第一，基础设施和连通性是全球数字服务贸易最为重要的障碍。此外，与电子交易有关的限制措施以及其他限制性措施对数字服务贸易的限制程度也较高。第二，发展中国家或地区数字服务贸易限制程度明显高于发达国家或地区。发达国家或地区 DSTRI 均值仅为 0.13，数字服务贸易开放度排名前十的国家中有 6 个是发达国家，其中加拿大的 DSTRI 分值甚至达到了 0。而发展中国家的 DSTRI 均值为 0.25，约是发达国家的两倍。数字服务贸易开放程度最低的十个国家均为发展中国家。第三，参与高质量数字贸易规则谈判的国家或地区 DSTRI 普遍较低。除了刚才提到的加拿大之外，美国和澳大利亚分值均为 0.06，日本的分值为 0.08，新加坡的分值为 0.20。以上五国均在数字贸易规则谈判上表现积极。美国和澳大利亚是率先将电子商务引入自由贸易协定（Free Trade Agreement，FTAs

---

① 包括 22 个欧盟成员国以及 54 个非欧盟成员国。为了简洁，图 2-1 将 22 个欧盟成员国合并为欧盟进行统一考察，共计 55 个经济体。

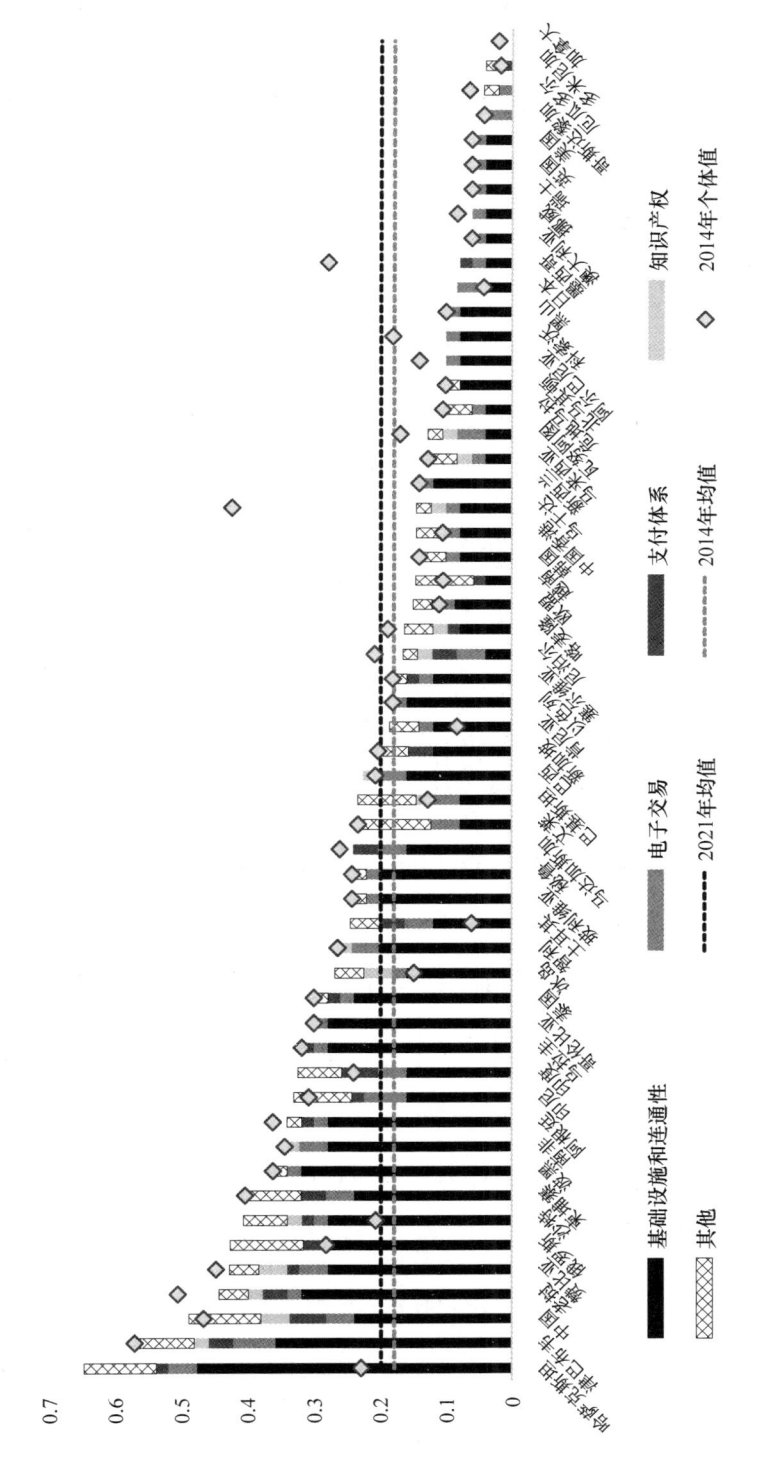

图 2-1 数字贸易限制程度的国际比较：基于DSTRI指数（2014—2021）

谈判的经济体（Wu，2017）。加拿大和美国之间有美墨加协议（The United States-Mexico-Canada Agreement，USMCA）。日本和美国签订了《美日数字贸易协定》（U. S. -Japan Digital Trade Agreement，UJDTA）。近年来，新加坡除了与日本以及澳大利亚一起作为召集人推动多边框架下电子商务议题诸边谈判之外，还以数字经济协定（Digital Economy Agreement，DEA）为载体致力于打造具有互操作性的数字监管国际体系。

从变化趋势看，第一，全球对数字服务贸易的监管环境整体趋紧，全球 DSTRI 均值由 2014 年的 0.17 提升到了 2021 年的 0.20，且 DSTRI 上升经济体的个数（35 个）超过了下降的个数（18 个）。第二，发达国家和发展中国家的 DSTRI 均呈现提升态势，且发达国家数字服务贸易限制程度提升的更快。发达国家的 DSTRI 从 2014 年的 0.10 提高到 2021 年的 0.13，涨幅达到 24.4%，而发展中国家则从 0.23 提升到 0.25，涨幅为 7%。第三，其他限制措施以及基础设施和连通性限制程度是导致全球数字服务贸易开放度下降的主导因素。图 2-2 整理了 2014—2021 年 5 个政策领域限制程度变化的国家或地区分布。从图中可以看到，其他限制性措施以及基础设施和连通性是限制程度提高最为明显的两个领域。76 个国家或地区样本中分别有 31 个和 18 个经济体在上述领域的限制程度提高。第四，电子交易领域开放度逐渐提升。该领域限制程度的均值从 2014 年的 0.03 下降到 2021 年的 0.01。2014—2021 年，样本国家或地区中没有一个国家提高该领域限制程度，相反有 22 个国家降低了该领域的限制程度。

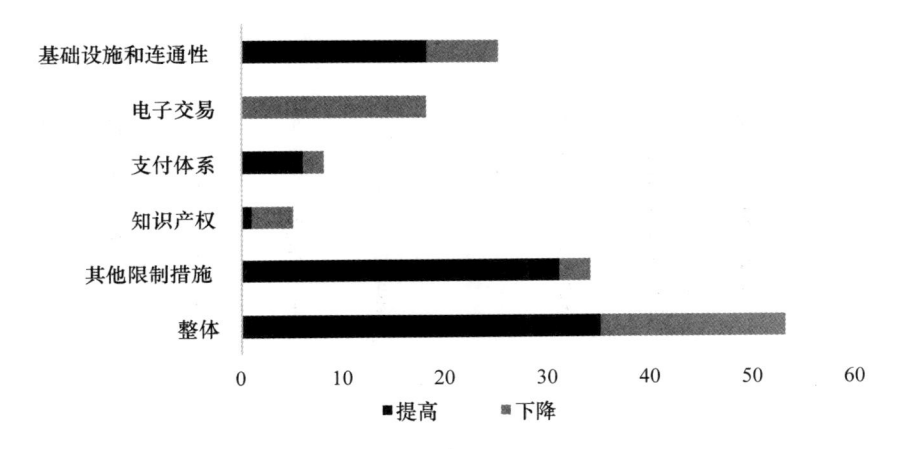

图 2-2　不同政策领域限制程度变化的国家或地区分布（2014—2021）
资料来源：笔者绘制。

2. 数字贸易开放水平的分国别分析

第一，发达国家的数字贸易开放度高于发展中国家，但二者差距正在收窄。2014—2021 年，发展中国家的 DSTRI 始终高于发达国家，且发达国家的 DSTRI 均值低于同年全球均值，而发展中国家的 DSTRI 均值高于全球均值（见图 2-3），表明发达国家的数字贸易开放度高于发展中国家。同时，从发展中国家 DSTRI 与发达国家 DSTRI 比值变化趋势看，发展中国家与发达国家数字贸易开放度的差距正在缩小。这一方面得益于发展中国家 2018 年后的 DSTRI 增速放缓；另一方面源于发达国家 DSTRI 的提升。发达国家数字贸易开放度下滑的这一趋势值得警惕。

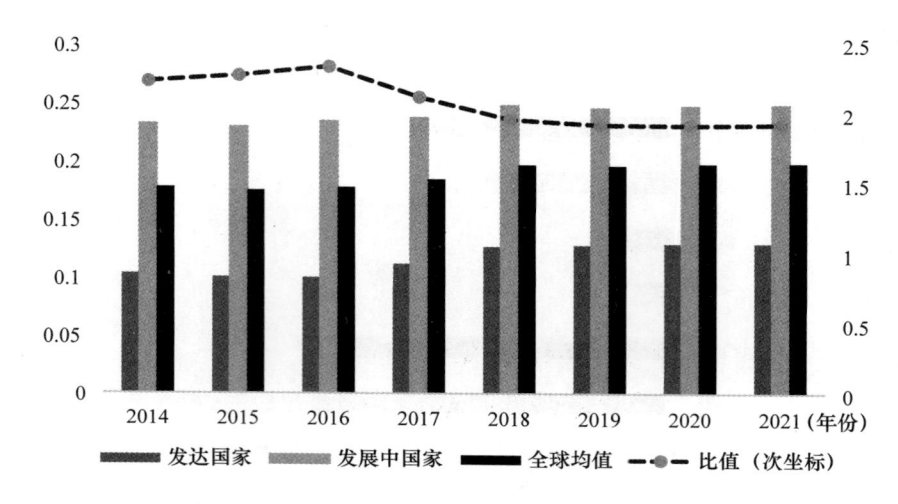

图 2-3　DSTRI 指数的国别比较（2014—2021）

资料来源：笔者根据 OECD-DSTRI 数据库数据绘制。

第二，数字经济大国的数字贸易开放模式存在显著差异。根据中国信通院发布的《全球数字经济白皮书（2022）》，2021 年全球数字经济规模排名前五的国家分别是美国、中国、德国、日本以及英国。从图 2-4 可以看到，五国无论从数字贸易开放度还是从数字贸易开放模式上都存在显著的差异。首先，中国作为五国中唯一的发展中国家，数字贸易开放度也相对较低，其余四国作为发达国家数字贸易呈现出更高的开放水平。其次，同为发达国家，美国和日本在数据流动领域持更加开放的态度，而德国和英国则更加谨慎和保守。最后，企业设立是美国和日本最为重要的数字贸易限制领域，数据流动是德国和英国最为重要的数字贸易限制措施。

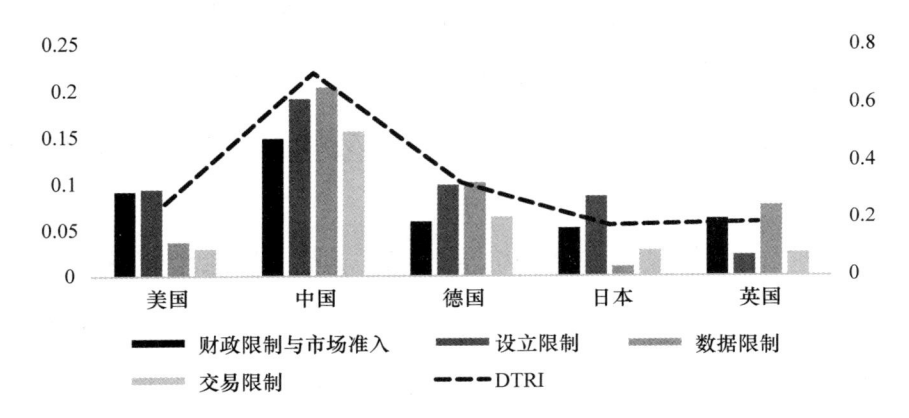

图 2-4　数字经济大国的数字开放模式比较：基于 DTRI 指数

资料来源：笔者根据 DTRI 指数绘制。

3. 数字贸易开放水平的分领域分析

第一，数据限制以及设立限制是数字贸易最为重要的限制性措施。DTRI 均值为 0.244。不同政策领域按照对 DTRI 的贡献度从高到低排序依次为设立限制（0.067）、财政限制（0.063）、数据限制（0.062）以及交易限制（0.052）。从分布频度上看，设立限制作为最重要的数字贸易限制措施出现了 23 次，数据限制出现了 22 次，财政限制出现了 12 次，交易限制则出现了 5 次。

第二，数字基础设施质量差异导致的"数字鸿沟"是遏制发展中国家进一步扩大数字贸易开放的主要瓶颈。从图2-5可以看到，发达国家的数字基础设施质量普遍高于发展中国家，所有发达国家在数字基础设施上的得分均高于全球均值。而发展中国家中除了波兰、俄罗斯、马来西亚、中国、克罗地亚以及匈牙利6个国家超过均值外，其余均低于全球均值。2020年，发达国家在数字基础设施上的得分（0.72）是发展中国家（0.34）的两倍还要多。

第三，其他限制措施成为数字贸易壁垒的新兴领域，发达国家尤为明显。2014—2021年，全球DSTRI均值由0.178提高到0.197，涨幅为11.2%。同期，其他措施领域的均值由0.021提高到0.031，涨幅达到52.1%，远超基础设施和连通性（12.8%）和支付体系（15.4%）的涨幅。形成对比的是，电子交易和知识产权领域开放程度的提高，幅度分别达到16.3%和13.8%。因此，其他措施（如强制使用本地软件或强制性技术转让、数据流量限制等）是导致全球数字服务贸易开放度下降的关键因素，这也暴露出数字贸易壁垒国际治理的重点领域。发达国家是推动全球其他限制措施增加的主要力量。2014—2021年，发达国家和发展中国家在该领域得分涨幅分别为150%和32.1%（见图2-6和图2-7）。

子指数 B：基础设施

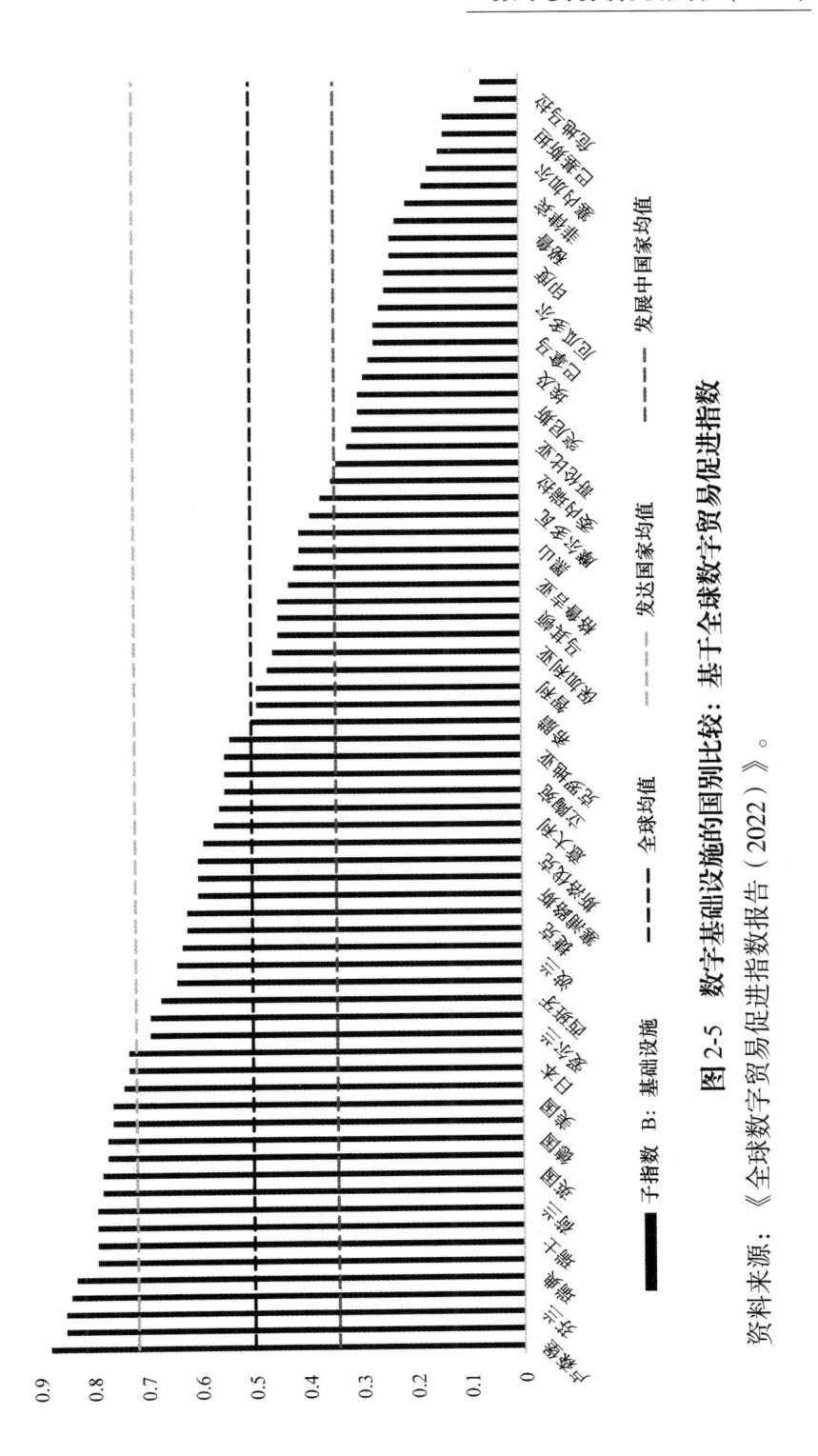

图 2-5　数字基础设施的国别比较：基于全球数字贸易促进指数

资料来源：《全球数字贸易促进指数报告（2022）》。

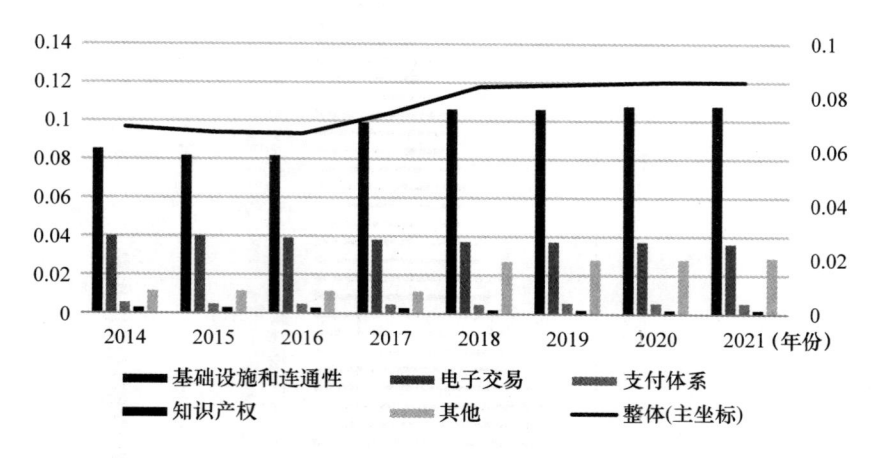

图 2-6 发达国家 DSTRI 变化趋势（2014—2021）

资料来源：笔者根据 OECD-DSTRI 数据库数据绘制。

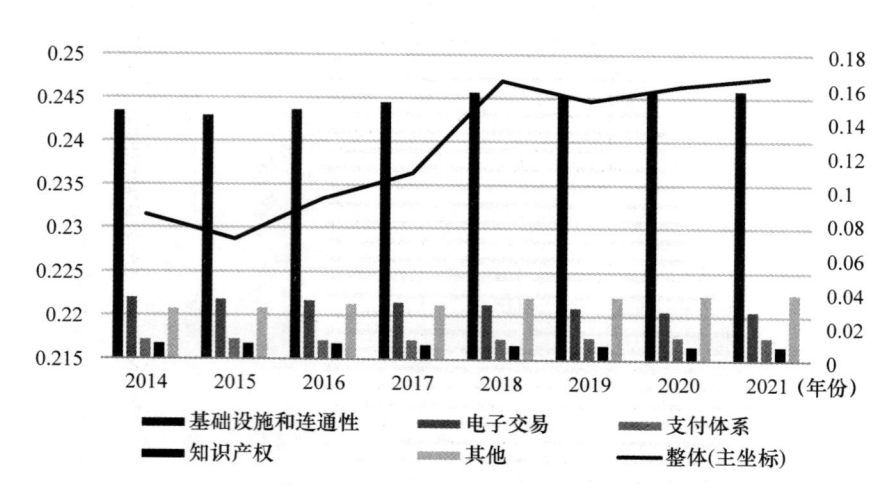

图 2-7 发展中国家 DSTRI 变化趋势（2014—2021）

资料来源：笔者根据 OECD-DSTRI 数据库数据绘制。

（四）数字贸易治理推动数字贸易开放

数字贸易治理和数字贸易开放有着紧密的联系。当前，多边框架下的数字贸易治理进展缓慢，而以区域贸易协定或单独数字贸易协定为载体的区域轨道取得了大量的成果。这整体上有利于促进数字贸易开放，但是也要警惕数字贸易规则碎片化给数字贸易开放带来的负面影响。

1. 数字贸易治理整体演进趋势

（1）多边框架下的数字贸易治理

自 1996 年第一届部长级会议电子商务议题被纳入 WTO 框架下至今，主要谈判成果是形成了一系列电子传输免征关税延期宣言。宣言规定 WTO 不对电子传输征收关税，这意味着传统上不征收关税的产品在线交易时也不征收关税，而且电子传输本身也不征收关税。但是就数字产品是否征收关税 WTO 并不明确。除关税待遇不明确以外，WTO 框架对数字贸易壁垒的治理还存在大量未决的基本问题。

第一，数字服务贸易的无差别待遇问题。这是有关 WTO 各成员国在 GATS 框架下做出的具体承诺是否也适用于数字服务贸易的问题，也即以数字方式提供服务和传统的服务提供方式是否应被视为"相似服务",从而据此确定能否获得国民待遇和最惠国待遇。第二,数字服务适用规则不明确,一直以来关于数字服务贸易属于跨境交付还是境外消费存在较大争议。如果对同种服务的跨境提供和境外消费两种方式所做的承诺水平不一致,服务模式的认定将直接关系到交易者的不同法律地位和待遇水平(李墨丝,2017)。第三,无法适应数字贸易新兴业态的不断涌现。GATS生效以来,新型的数字服务(如搜索引擎、云计算等)不断出现,但是WTO服务贸易谈判的分类依据仍然以1991年联合国《产品总分类》(Provisional Central Product Classification,CPC)为基础。第四,GATS无法有效协调各国数字贸易监管的"边境后措施"。如前文所述,数字贸易面临的新型壁垒具有典型的"边境后措施"特征。GATS及其附件虽然以正面清单的方式在一定程度上解决了跨境服务贸易的市场准入问题以及防止利用垄断电信企业限制竞争的问题,但是远不足以满足数字经济背景下对服务贸易"边境后措施"规制融合的要求。

2020年12月14日,WTO电子商务诸边议题谈判合并案文(简称案文)出台。该谈判于2019年1月启动,旨在制订电子商务和数字贸易领域的多边规则。截至目前已有包括中国、美国、澳大利亚、日本以及新加坡在内的86个WTO成员签署《关于电子商务的联合声明》(The Joint Statement Initiative on E-commerce, JSI)。从目前披露的进展看，案文主要分为电子商务便利化、电子商务开放（数字贸易的非歧视待遇、数据跨境流动、电子传输关税等）、电子商务与信息安全（消费者保护、隐私）、横向议题（透明度、合作等）、电信以及市场准入（涵盖服务、自然人和货物3个领域）共5个部分。目前各方已就电子签名和认证、无纸化贸易、电子传输关税、开放政府数据、开放网络接入、消费者保护、垃圾邮件以及源代码等议题上实现较大进展。

（2）数字贸易的区域治理

自2000年《约旦—美国自由贸易协定》作为第一个包含电子商务条款的FTA签订后，电子商务或数字贸易规则在FTA中重要性不断提高。2003年，电子商务第一次作为独立章节出现在《新加坡—澳大利亚自由贸易协定》。2019年10月签订的《美日数字贸易协定》(U.S.-Japan Digital Trade Agreement, UJDTA)是第一个独立的数字贸易协定。截至2021年12月，在全球355个FTA中，有195个包含与数字贸易有关的条款[1]，比例达到55.1%。2020年6月，新加坡、智利和新西兰签订了《数字经济伙伴关系协定》

---

[1] Burri, B. "Approaches to Digital Trade and Data Flow Regulation across Jurisdictions: Implications for the Future EU-ASEAN Agreement", *Legal Issues of Economic Integration*, 2022, No. 49.

(Digital Economy Partnership Agreement，DEPA）。同年8月，新加坡和澳大利亚签订了《新加坡—澳大利亚数字经济协定》（Singapore-Australia Digital Economy Agreement，SADEA）。数字贸易规则从条款到章节再到独立协议的演化，凸显出数字贸易治理的重要性和紧迫性。

2. 核心数字贸易规则的国际治理与谈判动向

区域轨道作为对多边轨道的补充，对国际数字贸易关系的调整发挥了积极作用。但是，"美欧中"三足鼎立式的全球数字贸易治理格局，导致全球数字贸易规则的碎片化和俱乐部化。这不仅会削弱数字贸易规则的治理效果，甚至本身就会对数字贸易造成障碍（王岚，2021）。

（1）美国：以维护产业竞争优势为主旨，构建数据跨境流动与限制政策

第一，强调取消数据跨境流动限制和数据本地化要求。美国的比较优势是数字服务产业，其业务运营的基础是对数据的自由跨境流动。因此，跨境数据自由流动和数据存储/处理非强制本地化是美式模板中的核心条款，体现了美国保护本土科技企业利益的国家意志。此外，为发展与扩张云计算、云存储等数字服务产业，美国在TPP和TISA中都表示不得将数据处理设备必须设置在缔约方领土内作为允许在其境内开展

经营活动的前提条件。USMCA 第 19.12 条再次重申"实施数据存储非强制本地化"诉求，且剔除了 TPP 中的缔约方监管例外（第 14.13.1 条）和合法公共政策目标例外（第 14.13.3 条），旨在有效避免其他缔约方以"实现监管和公共政策目标"为名来行贸易保护主义之实，表明美国在这一立场的态度变得更加坚决。

第二，倡导网络开放和技术中性原则。网络开放的重点是要求缔约方政府营造开放自由的市场环境，强调网络互操作性。即通过确保电子技术和服务、信息通信技术服务的互操作性，来实现网络的自由接入，促使美国更先进的网络企业能无障碍地进入缔约方市场。然而，允许消费者自由接入所有网络在某种程度上对对方国家的经济安全构成一定威胁。技术中性指在不违反公共政策目标的前提下，境内数字服务提供者可自由选择其所需要的技术。美国之所以提出技术中立，一是不希望某项特定技术成为贸易壁垒，二是希望通过垄断海外市场，赚取高额的利润费和专利费。

第三，禁止以开放源代码或算法作为市场准入的前提条件。美国所主导的巨型 FTA 以及新近签署的 USMCA 和 UJDTA 均包含源代码非强制本地化的条款，要求缔约方不得以硬性要求另一方公开软件源代码作为市场准入的前提条件。这主要是由于美国拥有大量专利技术，若开放源代码会对其知识产权造成威胁。但同时这一做法在国际上引起质疑，因为多数软件的开发是建立在获取源代码基础上的，如果限制开放会阻碍发展中国家在信息领域的技术进步。

（2）欧盟：统一规则实施欧盟数字化单一市场战略，以数据保护高标准引导全球重建数据保护规则体系

一是消除欧盟境内数据自由流动障碍，实施欧盟数字化单一市场战略。2015年6月，欧盟提出实施《数字化单一市场战略》，主要目的就是消除成员国间的管制壁垒，将28个成员国的市场统一成一个单一化的市场，推动欧盟数字经济发展。为了实现数字化单一市场，欧盟通过了《一般数据保护条例》（GDPR）和《非个人数据在欧盟境内自由流动框架条例》。通过GDPR在成员国层面的直接适用，消除成员国数据保护规则的差异性，实现个人数据在欧盟范围内的自由流动。《非个人数据在欧盟境内自由流动框架条例》则致力于消除各成员国的数据本地化要求，确保成员国有权机关能够及时获取数据，保障专业用户能够自由迁移数据。

二是通过"充分性认定"确定数据跨境自由流动白名单国家，推广欧盟数据保护立法的全球影响力。列于白名单中的国家，不受欧盟个人数据跨境流动的限制。欧盟对"充分性认定"的考量因素包括了政治因素、法治因素、数据保护立法与执法情况，签订的

国际协议，等等。"充分性认定"规则在一定程度上对其他国家改革个人数据保护法产生了重大影响，提升了欧盟个人数据保护规则对全球的示范效应。

三是在遵守适当保障措施的条件下，提供多样化的个人数据跨境流动方式。在缺乏充分性认定的情况下，欧盟还为企业提供了遵守适当保障措施条件下的转移机制，包括公共当局或机构间的具有法律约束力和执行力的文件、约束性公司规则（BCRs）、标准数据保护条款（欧盟委员会批准/成员国监管机构批准欧盟委员会承认）、批准的行为准则、批准的认证机制等。这些机制为在欧盟收集处理个人数据的企业提供了可选择的数据跨境流动机制，但是以 BCRs 为例，欧盟成员国的批准要求非常严格，需要漫长的审批过程。此外，行为准则和认证机制是 GDPR 提出的新的跨境流动机制。欧盟委员会很有兴趣开发这些机制，但是欧洲法院是否会限制这类机制的适用范围还有待观察。

（3）中国：兼顾安全和发展的数字治理理念

第一，坚持兼顾安全和发展的数据跨境流动。中国对数据跨境流动有两项基本立场：个人信息和重要数据本地存储，跨境数据流动须进行安全评估[①]。在数据本地化存储领域，2016 年 11 月出台的《网络安全

[①] 王中美：《跨境数据流动的全球治理框架：分歧与妥协》，《国际经贸探索》2021 年第 4 期。

法》首次以国家法律形式明确了中国数据跨境流动基本政策。其中，第三十七条规定：关键信息基础设施的运营者在中华人民共和国境内运营中收集和产生的个人信息和重要数据应当在境内存储。在数据跨境流动领域，《数据安全法》表明了中国积极促进数据跨境安全自由流动的立场，并强调维护中国数据主权。在个人信息跨境流动方面，《个人信息保护法》要求个人数据跨境流动除非个人同意外，要经第三方安全评估。在近期的地方性立法中，《深圳经济特区数据暂行条例（草案）》提出"数据跨境流通自由港"的政策目标。在区域层面，中国于2019年签署《G20大阪数字经济宣言》，积极回应了其中"基于信任的数据自由流动"的倡议。以RCEP为代表的FTA体现了中国关注数据安全、建立开放包容的数字贸易体制的核心利益诉求（张茉楠等，2022）。与CPTPP、USMCA、UJDTA等协定相比，RCEP在跨境数据流动、计算设施位置等议题上均设置了例外条款，并对最不发达国家设置了过渡期。

第二，支持对电子传输免关税，并强调遵循WTO有关原则。1998年WTO成员在《电子商务工作计划》中确定对电子传输暂时免征关税。其后对电子传输的免关税及延期问题在较长时间内并未引起太多关注或争议。直到近年来一些WTO成员，包括印度、南非等，开始对电子传输免关税做法提出质疑①。中国在其所签订的FTA中，都提到每一缔约方应当维持其目前不对缔约方之间的电子传输征收关税的现行做法，但是同时强调这一要求是根据2017年WTO第11次部长级会议关于电子商务工作计划的部长决定［WT/MIN(17)/65］做出的。同时，也保留了根据WTO部长会议就电子传输关税做出的任何进一步决定进行调整的空间②。

（4）新加坡：以建设亚太地区数据中心为导向，积极构建数据跨境流动合作机制

一是主张高水平的数据保护和数据自由流动相结合，吸引跨国企业设立数据中心。新加坡是亚太地区第四大互联网数据中心，仅次于日本、中国和印度。同时，新加坡从地理上靠近成熟的澳大利亚、日本、韩国等亚太地区公共云服务市场，这也是推动新加坡以建设亚太地区数据中心为战略目标的重要因素。新加坡建立了与欧盟类似的数据跨境传输要求，禁止向数据保护水平低于新加坡的国家或地区转移数据，但在特殊情况下，企业可以申请获得个人数据保护委员会的豁免。此外，立法还提供了"数据跨境传输合同

---

① https：//docs.wto.org/dol2fe/Pages/SS/directdoc.aspx?filename=q：/WT/GC/W747.pdf&Open=True.

② RCEP第12.11.3条，同时这一原则也作为中国提案被包含在综合文本的B.3.2条的第3款中。

条款"作为补充。这些弹性化的机制使新加坡成为跨国企业设立亚太区域数据中心的优先考虑之地。

二是积极加入CBPR，寻求区域内数据自由流动。2018年2月，新加坡加入了亚太经合组织（Asia-Pacific Economic Cooperation，APEC）主导的跨境隐私规则（Cross-Border Privacy Rules，CBPR）体系。根据CBPR的文件，加入CBPR体系要求评估成员国当前的隐私保护法、隐私保护执法机构、隐私信任认证机构、隐私法与APEC隐私框架的一致性。新加坡个人资料保护委员会目前正在发开一项与CBPR对接的认证机制。获得这一认证，在新加坡经营业务的企业即可以与CBPR成员国的认证企业自由传输数据。

（5）DEPA——为全球数字均衡贸易治理提供新的路径

DEPA是亚太地区首个数字领域的单独协定，旨在为"志同道合的伙伴国家"建立数字规则，推进无缝便利化的端到端数字贸易、允许可信任的数据流动以及构建数字系统的信任，并最终实现各成员国及地区内数字经济治理的高效率、可信性和协同性。DEPA包含了跨境电子商务、数字贸易以及数字技术等广泛领域，具有创新性、开放性、包容性和专业性的特点。该协定共分为16个模块：商业和贸易便利化、处理数字产品及相关问题、数据问题、更广阔的信任环境、商业和消费者信任、数字身份、新兴趋势和技术、创新和数字经济、中小企业合作、数字包容性、透明度和争端解决等。

首先，DEPA 与 WTO 及主要贸易协定如 CPTPP 电子商务章节，保持了高度一致，并且规定更加具体和细化。如 DEPA 模块三规定了"数字产品"定义，即数字产品是一个计算机程序、文本、视频、图片、录音或其他数字编码的，为商业销售或分销、能被电子传输的产品。DEPA 各方成员承诺将不会施加关税或其他费用，确保数字产品的非歧视待遇以及不施加额外的、不合理的监管要求。DEPA 重申了 WTO 框架下 86 个国家达成的电子商务联合声明，认同并致力于推进数字贸易的自由化和便利化。DEPA 在全球范围内创新了数字贸易的治理模式。

其次，DEPA 纳入了数字经济、数字技术等新议题，建立了数字领域规则的新模板。DEPA 增加了跨境物流、电子发票、消费者保护、人工智能、金融科技、数字包容性等多个议题，覆盖领域大大超越了传统的贸易协定。如 DEPA 人工智能条款要求缔约方建立道德规范的"AI 治理框架"；数字身份认证条款要求各成员国致力于数字身份的政策法规、技术实施和安全标准方面的专业合作；金融科技条款要求加强合作以促进商业领域金融科技开发。

最后，DEPA 删除了部分 CPTPP 规则的高标准，弱化了"美式模板"的影响，更具包容性，约束力较低，符合亚太国家"非约束性""柔性规则"的治理理念。DEPA 不包括源代码转让和交互计算机服务等高标准内容，同时 DEPA 更注重发展导向，如中小企业利用数字规则，提高透明度和监管一致性等。数字产品非歧视待遇、跨境传输信息、计算设施位置、加密信息通信技术产品 4 条核心条款不适用争端解决，对缔约方不构成强制性义务。

DEPA 既有别于传统的国际贸易协定，又与大国主导的数字经济治理机制存在鲜明的差异。它的主要特点包括：（1）DEPA 提供了灵活的诸边谈判模板，与传统国际贸易协定的"一揽子"方式不同。成员方或任何申请加入的新成员可以选择直接与 DEPA 对接，也可以根据本国发展需求，部分采用以上的模块，将一国国内政策与 DEPA 相对接，也可以将以上模块的内容纳入其他的贸易协议。（2）DEPA 的开放性决定其成长性，预计将在全球范围发挥更广泛的作用。加拿大和英国公开表示正在考虑加入，澳大利亚已同新加坡签署了《双边数字经济协议》，如加入 DEPA 不存在任何困难。这表明在 DEPA 框架下"志同道合"的伙伴圈未来存在进一步扩大的可能性。（3）DEPA 由小国驱动，属于全球数字经济治理的"第四极"力量。目前，数字经济治理尚未形成全球性共识。欧盟强调个人数据和隐私保护；美国强调减少数字贸易壁垒，建立"开放、信赖、安全"的数字经济环境，将商业利益与国家安全相结合；中国的数字治理强调数据主权，强调国家安全。数字关键领域的新规则仍由发达国家主导，以双边自由贸易协定中的数字章节，或单独的数字经济双边协定为主要形式，形成部分国家间、相互认可的"局部"规则，如CPTPP第14章、美墨加协定第19章、美国—日本数字贸易协定、日欧经济伙伴关系协定第8章、欧盟—新加坡自由贸易协定第8章等。而DEPA充分体现了"中间路线"的包容性和兼容性，有望可以发挥桥梁作用。

3. 参与数字贸易治理对数字贸易开放的影响

为了更好地反映参与数字贸易治理与数字贸易开放之间的关系，图2-8给出了各国参与RTA数字贸易规则质量与DSTRI之间的散点图。参与RTA数字贸易规则质量的测度方法借鉴全球数字贸易促进指数（2020）中子指数1的构造方法。具体而言：第一步，基于瑞士卢塞恩大学发布的区域贸易协定电子商务和数据条款数据库（Trade Agreements Provisions on Electronic-commerce and Data，TAPED）[1]，对纳入统计的国家

---

[1] Burri, M. and R. Polanco. "Digital Trade Provisions in Preferential Trade Agreements: Introducing a New Dataset". *Journal of international economic law*, 2020, Vol. 23, No. 1.

(共计 56 个[①]）所加入的 RTA 中的相关条款进行分类量化；第二步，对 RTA 中各三级指标所包含的特定条款深度分别进行算术平均，得到所有 RTA 中电子商务国民待遇和/或最惠国待遇、特定部门国民待遇和/或最惠国待遇、跨境数据流动、数据本地存储四个三级指标的深度；第三步，对于纳入统计的国家，选取其在迄今签署并已生效的全部 RTA 中三级指标深度的最大值作为该国相应的三级指标深度；第四步，将数字贸易相关的市场准入（RTA）、数据流动相关的前沿性条款（RTA）下设的三级指标分别进行算术平均，得到这两个二级指标的深度，再对两个二级指标做算术平均，得到反映每个国家参与 RTA 数字贸易规则质量的指标。

参与数字贸易治理有利于促进数字贸易开放。从图中可以看到，参与 RTA 数字贸易规则质量与 DSTRI 之间存在显著的负相关关系。另外一个能够印证二者关系的例子是墨西哥。该国的 DSTRI 从 2014 年的 0.278 锐减到 2021 年的 0.079。这主要得益于该国积极参与全面

[①] 阿尔巴尼亚、澳大利亚、比利时、玻利维亚、加拿大、瑞士、智利、中国、哥伦比亚、捷克、德国、丹麦、厄瓜多尔、西班牙、爱沙尼亚、芬兰、法国、英国、希腊、危地马拉、匈牙利、印度尼西亚、印度、爱尔兰、以色列、意大利、日本、哈萨克斯坦、肯尼亚、韩国、立陶宛、拉脱维亚、卢森堡、墨西哥、马其顿、黑山、马来西亚、荷兰、挪威、新西兰、巴基斯坦、秘鲁、波兰、葡萄牙、俄罗斯、沙特阿拉伯、新加坡、斯洛伐克、斯洛文尼亚、瑞典、泰国、土耳其、美国、越南、南非、津巴布韦。

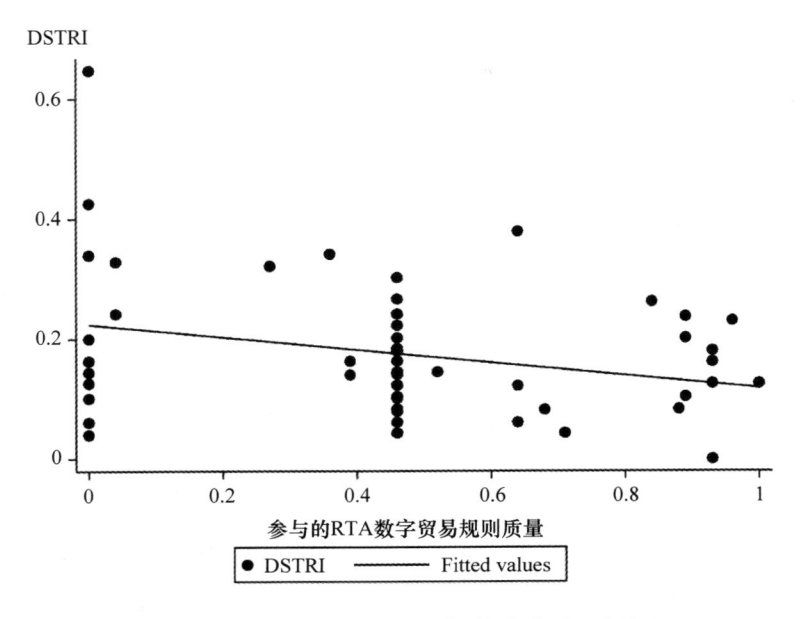

图 2-8　数字贸易治理与数字贸易开放

与进步跨太平洋伙伴关系协定（Comprehensive and Progressive Agreement for Trans-Pacific Partnership，CPTPP）以及美墨加协定（United States-Mexico-Canada Agreement，USMCA）等高水平 FTAs 的商签（沈玉良等，2021），导致该国在数字贸易市场准入限制程度从 0.24 大幅下降到 0.04。因此，对于发展中国家来讲，与发达国家签订带有高标准数字贸易规则的 RTA 将有利于提升发展中国家的数字贸易开放水平。

4. 中国参与数字贸易治理的发展方向

（1）尽快提出数据跨境流动规则的中国方案

强化中国规则与国际规则协同，基于"数据安全自由流动"原则探索建立全球数据治理新秩序，为数据跨境流动提供审慎包容、促进交流、鼓励合作的中国方案。一是持续推动数据跨境自由流动。DEPA鼓励数据跨境自由流动、政府数据开放共享和数据资源的开发利用。中国要以《数据安全法》为框架，强化与《通用数据保护条例》（GDPR）、《跨境隐私保护规则》（CBPR）等国际规则对接，分场景完善数据出境安全管理制度，有序推进政府数据公开，通过制定跨境数据流动标准格式合同、签订跨境数据流动安全协议等手段，探索建立安全有序的跨境数据流动体系。

二是强化数据安全保护。DEPA兼顾民事权益与技术创新收益，将网络虚拟财产、数据、个人信息纳入保护范围。中国可在上海数据交易所、《浙江省数字经济促进条例》等基础上，探索数据分级分类分区域监管新模式，推动完善数据流动能力认证、流通审查、风险评估、隐患治理、事故处理、激励考核等数据安全管理机制，构建内外畅流的安全体系，为全球提供数据立法、数据交易的中国方案。

（2）积极探索数据驱动创新体系和发展模式

扩大数字经济关键技术协同创新市场范围，推动区域产业链创新链深度融合，全面提高科技创新的国际合作水平。一是大力推进数据驱动型创新。中国要充分挖掘数据价值，强化数据与传统要素结合，推动数字技术与服务贸易深度融合，催生新模式、新业态。

二是鼓励创新合作。在《数据安全法》允许范围内，中国可在科技创新、项目对接、信息交流、人力资源开发等领域广泛开展数字经济产业国际合作。三是优化创新环境。DEPA要求各国政策应促进公平竞争环境下的创新和竞争。在促进数字经济健康发展的同时，中国要加强反垄断监管以及对个人隐私信息、数字产品知识产权的保护，促进数字经济市场有序竞争。

(3) 切实提升数字开放中网络安全保障能力

持续增强数字贸易安全性，提高网络安全事件响应能力，强化网络安全领域人才建设，构建开放、公正、安全、有序的数字经济网络环境，促进创新、包容与可持续发展。一是推进制度建设。DEPA要求缔约方加强计算机安全事件应变能力建设，探索反电子网络恶意侵入、恶意代码传播等领域合作机制。中国应实施网络安全等级保护制度，建立数据出境安全管理制度体系，保障关键信息基础设施和数据安全，健全网络安全保障体系。二是完善法律保障。DEPA要求各国设立消费者保护相关法律法规，并建立兼容互通机制。中国要加快建立数据要素市场化规则，以跨境数据流动、数字知识产权保护、个人隐私保护等关键议题国际规则制定为契机，构建有利于国内数字经济创新突破、合规发展的法律体系。三是强化技术支撑。DEPA肯定人工智能等数字技术在数字经济发展中的重要性，中国要运用联邦学习、隐私计算等最新技术方法，支持可信、安全和负责任地使用人工智能，营造良好的数字贸易和数字经济环境。

（4）以加入 CPTPP 和 DEPA 为契机，把握高标准数字贸易规则的发展方向

通过分析高质量数字贸易规则与国内监管实践的差异，从优先级、难易度等维度制定中国数字贸易开放路线图（图 2-9）。以自由贸易试验区为载体，有前瞻性和有针对性地进行对接高标准数字贸易规则和良好监管实践的压力测试①。

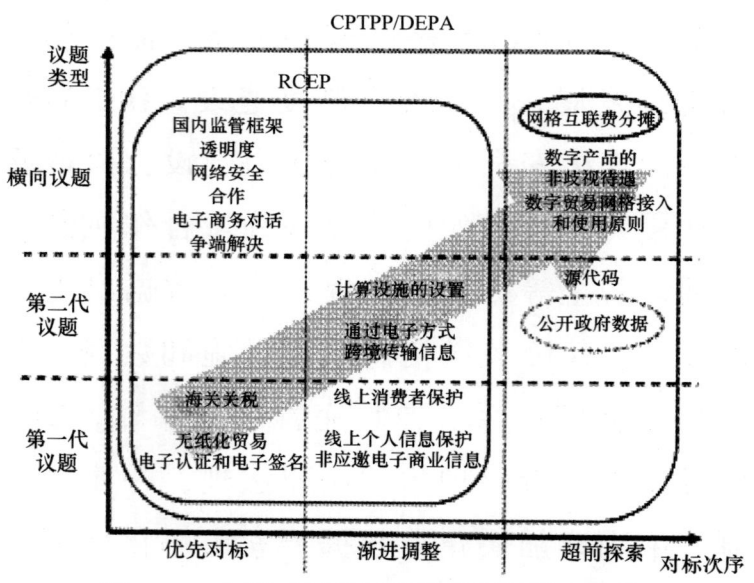

图 2-9 中国对标高标准数字贸易规则路线

注：实线圈表示 CPTPP 特有的条款；虚线圈表示 DEPA 特有的条款。
资料来源：笔者整理绘制。

---

① 王岚：《数字贸易壁垒的内涵、测度与国际治理》，《国际经贸探索》2021 年第 11 期。

（五）小结

第一，数字贸易开放是介于数字贸易完全管制和数字贸易自由的中间状态，不同国家对数字贸易开放度的选择取决于获取数字贸易利益、促进数字创新、保护国家安全和公民隐私等公共政策目标之间的权衡。第二，数字贸易壁垒不能等同于数字贸易限制措施，提升全球数字贸易开放需要对数字贸易壁垒进行有效治理。第三，全球数字贸易开放度呈现下滑态势，数据流动限制和企业设立限制是作为重要的数字贸易壁垒。第四，发达国家的数字贸易开放度高于发展中国家，但二者之间差距在逐渐收窄，发达国家数字贸易开放逆转的趋势值得警惕。第五，全球数字贸易治理呈现碎片化趋势，不利于全球数字贸易开放水平的提升。第六，参与高质量数字贸易规则商签有利于促进数字贸易开放，中国应以加入 CPTPP 和 DEPA 为契机，加快对接高标准数字贸易规则。

三　数字贸易开放对经济发展的影响[*]

数字贸易开放将深刻影响经济发展。2021年9月，习近平主席在出席第76届联合国大会一般性辩论时提出"全球发展倡议"，呼吁国际社会加快落实2030年可持续发展议程，推动实现更加强劲、绿色、健康的全球发展。[①]倡议宗旨在于呼吁各国合力应对挑战，促进疫后复苏，携手抓住机遇，为实现共同可持续发展、构建全球发展共同体开辟光明前景。全球发展倡议主张人与自然和谐共生、创新驱动、推动全球发展伙伴关系等，涉及合作领域包括减贫、粮食安全、抗疫和疫苗、发展筹资、气候变化和绿色发展、工业化、数

---

[*] 本章执笔人：苏庆义，中国社会科学院世界经济与政治研究所，研究员；臧成伟，中国社会科学院世界经济与政治研究所，助理研究员；王奉龙，中国社会科学院大学国际政治经济学院，硕士研究生。

[①] 外交部网站，《外交部就习近平主席出席第76届联大一般性辩论提出"全球发展倡议"等答问》，2021年9月22日，http://www.gov.cn/xinwen/2021-09/22/content_5638762.htm。

字经济以及互联互通等。"发展优先"和"以人民为中心"是全球发展倡议的核心理念与原则，也是经济发展的重要内容。数字经济是其中的重点合作领域，包括深化数字技术、数字经济、数字安全合作，加强数字基础设施建设，促进技术转移和知识分享，提升数字治理能力，消除数字鸿沟、技术鸿沟。数字贸易作为数字经济的重点领域和国际贸易的重要组成部分，其开放必将影响经济发展。本章从影响机制、跨国经验、中国实践三方面讨论数字贸易开放对经济发展的影响。

（一）数字贸易开放影响经济发展的机制

经济学界对贸易开放对经济发展的影响讨论已久，但对数字贸易这种新兴的分工形态的开放对经济发展的影响讨论较少。本节简单讨论其影响机制。

1. 传统贸易开放对经济发展的影响

传统的贸易开放对经济增长的促进作用已经得到学界充分讨论，"出口导向战略"作为促进发展中国家经济发展的重要战略，也已经得到理论的总结和经济实践的证明。贸易促进经济发展的作用机制如下。

国际分工。分工促进生产率的发展，是亚当·斯密以来古典经济学秉持的观点，大卫·李嘉图的比较优势理论、赫克歇尔与俄林的资源禀赋理论，均表明国际贸易可以通过国际分工，解放生产效率，促进社会福利的提升。近年来兴起的全球价值链分工，使得参与国际分工对经济发展的促进作用更加凸显。

规模经济与产品种类扩大。以保罗·克鲁格曼为代表的新贸易理论，阐释了产业内贸易对经济发展的促进作用，强调规模经济与产品种类扩大的影响。通过国际贸易，各国可以充分发挥规模经济，享受各国不同种类的产品，进而促进经济发展与福利提高。

资源配置优化。异质性企业理论聚焦于对微观企业出口行为的研究，认为国际贸易能够促进资源配置效率的提高，淘汰低生产率企业，提升企业整体生产率水平，进而促进经济发展。

技术扩散。宏观经济学的基本理论认为，经济的长期增长取决于技术进步，贸易对技术进步，尤其是发展中国家技术进步的促进作用，主要体现在贸易带来的技术扩散。发展中国家通过与发达国家的分工与贸易，学习发达国家的先进技术和管理手段，进而实现技术的赶超。

扩大总需求。也有学者从需求侧出发阐述贸易的影响机制。根据凯恩斯的宏观理论，总需求可以分为消费、投资、净出口，实现贸易顺差是促进经济增长的重要拉动力。此外，发展中国家在经济发展早期，国内市场尚未培育完全，可以通过积极参与国际循环，利用国外需求，较快实现工业化与现代化。

近年来，随着对国际贸易问题的研究深入，学者们从发展中国家制度缺陷所带来的市场扭曲出发，研究国际贸易通过改善国内扭曲来促进经济发展。Atkin & Donaldson（2021）[①]总结了该领域的研究成果，通过模型将贸易对经济发展的影响机制分解为如下四个方面。一是机械效应，即单纯由技术进步带来贸易成本降低而导致的经济发展；二是要素贸易条件效应，为进口要素的相对价格变化而导致的经济增长；三是扭曲水平不变时贸易对资源配置的影响，即假设所有行业的扭曲水平不变，资源在高扭曲行业和低扭曲行业之间的再配置对福利的影响；四是改善扭曲水平本身而带来福利的提高。

根据研究的需要，可以将贸易对扭曲的影响分为销售端和生产端两大类。销售端的扭曲包括规则、腐败与犯罪，价格加成，税收与补贴，非正规性，生产的外部性等；生产端的扭曲包括资本投入、劳动投入、中间品投入、电力及其他投入的扭曲。如果贸易能够改善上述领域的扭曲，如通过提高竞争而降低价格加成，通过参与国际贸易而提升国内制度质量，则可以

---

① Atkin, D. J. & Donaldson, D. M.（2021）. "The Role of Trade in Economic Development." *SSRN Electronic Journal*.

通过改善扭曲而促进经济发展。由于发展中国家通常具有更高的国内扭曲，贸易对扭曲改善的促进作用对于发展中国家的发展尤其重要。

2. 数字贸易开放直接促进服务贸易发展

服务贸易是一国的法人或自然人在其境内或进入他国境内向外国的法人或自然人提供服务的交易行为。服务业是服务贸易的产业基础，服务业不同于一般商品，它是无形的，同时具有即时性，也就是生产与消费要同时进行。服务业不可储存、不可移动、不可运输的特点，导致了在第三次信息革命之前的国际贸易中，很多服务都无法进行贸易，服务贸易相比货物贸易发展面临的限制更多。在经典的国际贸易理论研究中，李嘉图的比较优势理论、赫克歇尔-俄林的要素禀赋理论、克鲁格曼的新贸易理论等，都主要是对传统的货物贸易进行的研究与分析。但是随着信息技术的发展，数字化全面改变了服务贸易的发展，部分不可贸易的服务产品变得可贸易。

数字化以及数字贸易的发展有助于直接促进服务贸易发展，服务贸易的快速发展与信息技术的快速发展是同步变化的。由于信息技术革命的快速发展和数字经济时代的来临，越来越多的服务可以实现跨境购买和消费，比如信息通信服务、专业性服务、金融、零售和教育服务等。根据理查德·鲍德温的研究，在

1990—2020年，服务贸易额增长了11倍，而商品贸易则仅仅增长了5倍。服务贸易在全球GDP的占比持续上涨，由1975年的6%升至2008年的12%，在2019年更是攀升至14%。① 同时，联合国贸易和发展会议报告相关数据显示，全球数字服务贸易在快速增长，全球数字服务贸易占服务贸易的比重已由2011年的48.00%增长至2020年的63.60%。在新冠疫情的冲击下，由于被"封锁"在家，一些传统的服务业如旅行、运输、航空等遭受重创，但线上服务消费爆发式增长，数字服务贸易规模大为提高，推动了服务业结构升级，为全球服务贸易乃至全球经济注入了新的动力。

3. 数字贸易开放间接促进货物贸易发展

如第二章所述数字贸易开放是指限制数字贸易的壁垒减少，它对于传统货物贸易的促进作用主要通过两个渠道实现：一是数字贸易开放促进数字经济平台发展使得国际贸易更加便利化、消除不对称的信息壁垒以及使得供应方和需求方更加匹配，从而推动和加速货物贸易发展；二是数字贸易开放通过促进服务贸易与制造业投入服务化的方式促进货物贸易发展。

数字贸易开放和数字平台建设发展有利于企业参

---

① 理查德·鲍德温（Richard Baldwin）在2022年罗汉堂前沿对话第11期"经济全球化的未来"演讲的数据。

与国际货物贸易。数字经济平台是指以网络信息技术等为主要手段,基于虚拟或真实的交易空间促成双方或者多方之间的交易。数字经济平台能够突破时空限制,打破生产环节和消费环节的割裂状态,直接以用户需求为导向,实现供需精准匹配[①]。第一,数字经济平台为中小企业参与国际贸易提供了一个重要的机会,中小企业可以通过数字经济平台降低参与国际贸易的障碍和壁垒,中小企业通过使用 eBay、Mercardo Libre 或 Alibaba 等互联网平台迅速成为全球参与者。第二,中小企业可以通过数字经济平台获取有关数据方面的服务,这包括在线广告和通信服务、云计算,以及获取国外市场的关键知识和信息。在现实中,获取国外市场信息和有关法律法规是中小企业从事国际贸易的主要障碍。第三,数字经济平台内集聚了大批供应链企业,形成传统产业物理集聚所没有的虚拟网络集聚效应,这种集聚的空间和时间范围更加广阔,这将会使得全球供应链网络更具韧性、更加稳定、更具包容性。

数字贸易开放通过促进服务贸易来间接促进货物贸易发展,这包含两个方面,一是企业由产品制造向

---

① Meltzer, J. P. (2019). "Governing Digital Trade." *World Trade Review*, Vol. 18, S23−S48.

服务转型提供转变的过程[1]；二是制造业产品中服务增加值的嵌入程度[2]。随着生产技术进步，运输成本降低，市场一体化程度不断深化，制造业和服务业的融合程度不断提升，服务业的发展不仅体现在自身规模，更表现在对制造业优化升级的推动作用[3]。目前，全球50%以上的货物贸易和70%以上的服务贸易是中间投入[4]，研发、设计、营销和销售等数字商业服务日益成为制造过程的关键投入。根据普华永道2016年对2000多家公司的调查，数据和数据分析是成功转型为智能制造的关键。这反映了制造业中数字服务对于提高企业生产力和增强全球竞争力的重要性。

制造业服务化对货物贸易的促进还通过搜索和信息成本的下降、新产品和新市场的快速增长以及数字技术带来的新参与主体数量的增加得到体现。金祥义和施炳展（2022）[5]研究发现互联网搜索发展对中国出口产品质量提升存在促进作用，互联网主要通过信

---

[1] Vandermerwe, S. & Rada, J., (1988). "Servitization of Business: Adding Value by Addeing Seices." *European Management Journal.*

[2] Heuser, C. & Mattoo, A. (2017). "Services Trade and Global Value Chains." *World Bank Policy Research Working Paper Series.*

[3] 刘维刚、倪红福：《制造业投入服务化与企业技术进步：效应及作用机制》，《财贸经济》2018年第8期。

[4] De Backer, K. and S. Miroudot (2013). "Mapping Global Value Chains." *OECD Trade Policy Papers*, No. 159.

[5] 金祥义、施炳展：《互联网搜索、信息成本与出口产品质量》，《中国工业经济》2022年第8期。

息成本、生产率水平、创新效率三个方面影响企业出口产品质量，并且这一作用存在一定的空间溢出效应。在劳动力方面，陈斌开等人（2019）[①] 基于中国的数据表明，人工智能会替代部分劳动力，减少中间岗位劳动需求，从而成为应对老龄化的重要工具。吕越等人（2020）[②] 研究发现人工智能对价值链参与的影响主要是通过两个渠道实现，一是替代从事低端环节生产的劳动力来降低企业成本；二是提高企业的生产率来增强企业的竞争力。利用现有数字经济技术降低信息成本、减少信息不对称性、提高生产效率是数字经济时代增进出口产品质量和经济增长效益的有效途径。

4. 数字贸易开放倒逼数字经济发展

数字贸易的开放倒逼一国数字技术发展，数字技术发展促进一国经济发展。以渐进开放促增量改革，创造改革需求与体制供给[③]是中国改革开放进程中一项宝贵经验。数字贸易正成为新一轮经济全球化的主要

---

① 陈斌开、马燕来：《数字经济对发展中国家与发达国家劳动力市场的不同影响——技能替代视角的分析》，《北京交通大学学报》（社会科学版）2021 年第 2 期。
② 吕越、谷玮、包群：《人工智能与中国企业参与全球价值链分工》，《中国工业经济》2020 年第 5 期。
③ 谢伏瞻、马建堂、洪银兴、江小涓、逄锦聚、韩保江、姚树洁、简新华：《中国共产党与中国特色社会主义政治经济学——庆祝中国共产党成立一百周年笔谈》，《经济研究》2021 年第 6 期。

领域，也正成为全球区域经济竞争的新焦点[①]。数字贸易开放有助于倒逼一国数字技术发展，数字贸易开放可以促使各国加快数字贸易基础设施建设与联通，突破数字技术应用推广和数字贸易发展的关键瓶颈；可以促进数字贸易企业竞争与合作，增强企业发展内生动力；可以推动各国规则合作，完善数字贸易发展的制度环境。

数字技术是数字经济的基础，通过与实体企业和金融的融合共建赋能实体经济转型发展，孕育经济增长新动能。有研究表明，数字技术与生产部门的集成整合将长期助力产业结构优化调整，深化实体经济数字化转型，推动经济高质量发展；数字技术与金融部门的深度融合在短期内因融资约束缓解而显著带动高技术产业发展，促进产业结构转型升级，加快经济增长动能转换。

5. 数字贸易开放影响经济发展的两面性

上述机制分析表明，数字贸易开放将通过服务贸易、货物贸易、数字经济三个渠道影响经济发展。但应注意到，数字贸易开放对不同经济体产生的影响不同。不同经济体数字经济的发展水平不同，货物贸易

[①] 国务院发展研究中心对外经济研究部、中国信息通信研究院课题组：《数字贸易发展与合作：现状与趋势》，《中国经济报告》2021年第6期。

和服务贸易发展水平也不同。一般而言，越发达的经济体货物贸易和服务贸易发展的水平越高，数字经济发展水平也越高，数字服务贸易壁垒会相对较低。此外，某些经济体出于数据安全的考虑，数字服务贸易壁垒可能会相对较高。在当今全球化的过程中，计算机算力的巨大提升和海量数据的产生和使用①正在导致经济和贸易数字化。从宏观角度来考虑，这些创新会提高效率，促进创新和发展生产力。全球各国处在不同的经济发展阶段，各国的技术水平、生产能力、产业结构和贸易结构的差异会导致数字贸易开放对各国产生非中性与非对称的影响，也就造成对经济发展（增长和就业）的间接影响不同。

不同数字贸易领域的开放对经济发展的影响不同。一般而言，贸易开放本质上是双向扩大市场准入的过程，这体现在市场规模的扩大、生产效率的提升和国际贸易规则协调统一等多个方面，这会导致经济增长和劳动参与水平的提高。由于数字贸易相比一般贸易具有较多的特殊性，数字贸易不同领域的开放对于不同经济体的促进作用也不同。各国在支付系统方面的数字贸易壁垒相对较小，但是在数字基础设施建设和知识产权方面的数字贸易壁垒相对较大，与数字基础

---

① 全球生成的数据量预计将从 2015 年的 12 zetabytes 增加到 47 zetabytes，到 2025 年将超过 160 zetabytes。

设施建设相关的贸易壁垒下降普遍会对各国有利，而与知识产权相关的贸易壁垒则会对各国产生差异化的影响。

（二）数字贸易开放影响经济发展的跨国证据

本节以 GDP 增长率和就业两个指标来衡量"发展优先"和"以人民为中心"，采用 OECD 数字服务贸易限制指数，利用跨国数据来研究数字贸易壁垒下降（也就是数字贸易开放）对经济发展的影响。

1. 研究设计

（1）关键解释变量：数字贸易壁垒的衡量指标

为了明晰阻碍数字服务贸易发生和发展中存在的限制性政策，并度量其对数字服务贸易的影响，OECD 构建了数字服务贸易限制性指数（Digital Services Trade Restrictiveness Index）。数字服务贸易限制性指数是在 OECD 服务贸易限制性指数的基础上进行改造和补充，对服务贸易数字化进程中，阻碍数字服务贸易发展的各国限制性政策进行识别和量化，主要关注任何影响数字服务贸易的跨境政策性阻碍。Janos Ferencz（2019）[①] 基于服务贸易限制性指数的相关政策基础，

[①] Ferencz J. "The OECD digital services trade restrictiveness index", 2019.

结合数字贸易特有的政策壁垒，首先构建了数字服务贸易限制性指数，确定了影响22个服务领域的限制性措施，包括了处于数字化转型前沿的一些服务业，比如计算机、视听、分销、金融和电信服务。将主要影响数字服务贸易发展的壁垒分为五大领域：基础设施和连通性、电子交易、支付系统、知识产权、其他影响数字化服务贸易的壁垒。其中，（1）基础设施和连通性（IC）下主要涵盖了数字贸易中建设基础设施的相关措施。它反映了网络运营商之间互联性的相关规定对无缝式信息交流（seamless communication）的保障程度，也反映了限制或者阻碍通信服务使用的措施。其中包括了跨境数据流动和数据本地化政策等内容。（2）电子交易项下（ET），主要包括签发电子商务活动许可证的歧视性调节、在线税务登记的可能性及非居民企业申报、国际公认电子合同准则、抑制电子认证（如电子签名）使用和缺乏有效的争议解决机制等政策内容。（3）支付系统项（PAY）下主要反映了影响电子支付的措施。它包括特定支付方法权限的相关措施，并评估了国内支付交易安全标准是否与国际标准一致。此外，它还涵盖了其他领域未涵盖的网上银行相关限制。（4）知识产权项（IPR）下主要涵盖了在知识产权保护方面给予外资企业和个人平等的版权和商标权保护政策，反映了在解决版权和商标侵权事件时适当的执行机制，包括网上发生的版权和商标侵权事件。（5）其他影响数字化服务贸易的壁垒中（OTHER），主要包括影响跨境数字贸易的履行要求（performance requirements，如强制性使用当地的软件和加密技术或强制性技术转让）、下载和流媒体限制、网络广告限制；商业或当地存在要求、缺乏针对网上反竞争实践的有效补偿机制等。

（2）关键被解释变量：经济发展的指标

研究数字贸易开放对经济发展的影响，需要对经济发展这一概念进行合理的测度。目前学界关于"何为经济发展"这一问题尚有较大争议。根据习近平主席在第76届联合国大会上的全球发展倡议精神，一是坚持发展优先，二是坚持以人民为中心。坚持发展优先，应继续保证GDP的稳定增长；坚持以人民为中心，应该将经济发展的成果惠及人民，在发展中保障和改善民生，就业是民生之本，因此就业指标也是衡量全球发展的重要指标。综上所述，我们以如下两个指标衡量经济发展：发展优先（GDP增长率）、以人民为中心（就业）。

（3）计量模型的构建

根据被解释变量的选择，本报告构建两个计量方程以对数字贸易壁垒影响经济发展问题进行实证研究。

第一个计量方程研究数字贸易开放对经济增长的

影响，被解释变量为 GDP 增长率（GDPGR）。回归方程如下。

$$GDPGR_{it}=\beta_0+\beta_1 DSTR_{it}+\Gamma X_{it}+\theta_i+\varepsilon_{it} \quad (3.1)$$

其中，$GDPGR_{it}$ 为 i 国 t 时期的 GDP 增长率，$DSTR_{it}$ 为数字贸易限制性指数，除总指数之外，还包含 5 个分项：IC 表示基础设施和连通性、ET 表示电子交易、PAY 支付系统、IPR 知识产权、OTHER 其他影响数字化服务贸易的壁垒。

X_{it} 为一组同时影响 GDP 增长率和数字贸易壁垒的控制变量，主要包括如下变量。

1) AGDP，人均 GDP 水平，使用人均 GDP 的滞后 5 期来衡量，用于控制初始条件。根据新古典宏观经济学中的增长理论，初始人均 GDP 水平与 GDP 增速具有负向关系，发达国家的增速普遍低于发展中国家，这便是经济增长中的"收敛"现象。同时，经济发展水平也决定了一国的数字贸易壁垒，发达国家的开放水平较高，壁垒较低。

2) TRADERATIO，贸易开放度，使用进口和出口之和占 GDP 的比重表示。贸易开放能够使一国充分参与国际分工，利用全球的资本与市场，并充分接受发达国家的技术扩散，对经济增长具有显著的促进作用；同时，贸易开放水平也和服务贸易开放水平，尤其是我们所关注的数字服务贸易开放具有显著的正相关。

3）FCRATIO，投资率，使用固定资产投资占GDP的比重表示。根据经典的经济增长理论，投资率（或储蓄率）显著促进了经济增长；同时，固定资产投资比率也与数字贸易壁垒显著相关，一方面，信息通信基础设施建设直接影响了一国数字经济的竞争力，进而决定其数字贸易开放程度；另一方面，资本雄厚的国家往往是发达国家，本身具有较高的开放水平。

4）PATENT，专利申请数量；IPRNO，知识产权使用费用。根据内生增长理论，长期的经济增长取决于技术进步，专利和知识产权是技术进步的重要衡量指标，与经济增长高度相关；同时，技术水平直接决定了数字经济的国际竞争力，进而决定了其数字贸易开放水平。

5）POPULATION，人口增长率。人口增长能够为一国提供充足的劳动力资源，对经济增长具有显著促进作用；同时，数字贸易开放会提高数字经济水平，数字经济技术会替代部分劳动力，从而会影响经济增长水平。

θ_i 为仅与国家相关，而与时间无关的国家固定效应。ε_{it} 为扰动项。各变量均取对数。

数据来源方面，OECD 数字服务贸易限制指数数据库包含 2014—2021 年 76 个国家总指标和 5 个分指标的数据，数字服务贸易限制指数的数据来自该数据库，其他变量的数据来自世界银行 WDI 数据库。

第二个计量方程研究数字贸易开放对减贫（就业）的影响，数字服务贸易壁垒作为核心的解释变量，被解释变量为劳动参与率（LFPR），回归方程如下。

$$LFPR_{it} = \gamma_0 + \gamma_1 DSTR_{it} + \Theta X_{it} + \theta_i + \varepsilon_{it} \quad (3.2)$$

其中，$LFPR_{it}$ 为 i 国 t 时期的劳动参与率，$DSTR_{it}$ 为数字贸易限制性指数。X_{it} 为一组同时影响劳动参与率和数字贸易壁垒的控制变量。控制变量选取的根据如下。

冯其云（2014）[①] 研究贸易开放对中国就业变动的影响，其控制变量选取与进口渗透率、出口占比、工资—利息比、全要素生产率、资本约束、产出约束有关。本报告同时考虑目前样本数据的可获取性，控制变量与第一个方程类似，但不包括人口增长率这一控制变量，具体控制变量有：人均收入水平，使用人均 GDP 表示，TRADERATIO 表示贸易开放度，使用进口和出口之和占 GDP 的比重表示。FCRATIO 表示投资率，使用固定资产投资占 GDP 的比重表示。PATENT 表示专利申请数量。IPRNO 表示知识产权使用费。

---

① 冯其云：《贸易开放、技术进步对中国就业变动的影响》，博士学位论文，南开大学，2014 年。

2. 数字贸易开放影响经济增长的结果分析

(1) 基准回归结果

数字贸易发展对经济增长的促进作用，在理论上已经取得广泛共识。数字化极大降低了国际贸易成本，提高了服务可贸易程度，促进了全球价值链的协调，扩大了国际贸易的规模、范围和速度。数字贸易发展不仅有利于促进经济增长，而且有利于中小企业低成本进入国际市场，增加妇女就业、环境保护，推动经济可持续发展[①]。

数字贸易限制指数取值在 0—1 之间，该值越接近 1 表明该国的数字贸易限制越大。根据理论分析，数字贸易限制应该与 GDP 增长显著负相关，本报告通过对方程 3.1 的回归，在实证研究上证明了上述观点。

附表 2-1 中的第（1）列展示了包含所有样本国家的估计结果，此时数字贸易壁垒对 GDP 增速的影响系数显著为负，并在 1% 的显著水平上成立。第（2）列对非 OECD 国家进行回归，回归系数明显缩小，并且系数不显著。第（3）列对 OECD 国家进行回归，回归结果显著为负，并在 1% 的显著性水平成立。通过与（1）（2）（3）列回归结果比较发现，数字贸易壁垒对 GDP 增长存在负向影响，对 OECD 国家的负面作用明

---

① 赵瑾：《数字贸易壁垒与数字化转型的政策走势——基于欧洲和 OECD 数字贸易限制指数的分析》，《国际贸易》2021 年第 2 期。

显大于非 OECD 国家的负面作用，因此数字贸易开放主要促进了 OECD 国家的经济增长。

（2）各分项指标回归结果

1）基础设施和连通性（IC）对经济增长的影响

数字贸易限制指数（DSTR）的第一个分项基础设施和连通性（IC）主要涵盖了数字贸易中建设基础设施的相关措施。附表 2-2 汇报了以基础设施和连通性（IC）作为关键解释变量的回归结果。第（1）列展示了包含所有样本国家的估计结果，基础设施和连通性壁垒对 GDP 增速的影响系数显著为负，并在 5% 的显著水平上成立。第（2）列对非 OECD 国家进行回归，回归系数明显缩小，并且系数不显著。第（3）列对 OECD 国家进行回归，回归结果显著为负，并在 1% 的显著性水平成立。可以发现，数字贸易中基础设施建设水平会对经济增长水平产生显著影响，非 OECD 国家不显著的原因可能是这些国家数字贸易基础建设相对薄弱。

2）电子交易（ET）对经济增长的影响

数字贸易限制指数（DSTR）的第二个分项电子交易项下（ET），主要包括签发电子商务活动许可证的歧视性条件、在线税务登记的可能性及非居民企业申报、国际公认电子合同准则、抑制电子认证（如电子签名）使用和缺乏有效的争议解决机制等政策内容。

附表2-3汇报了以电子交易（ET）为关键解释变量的回归结果。总体样本上电子交易壁垒与GDP增长显著正相关，这与总指数的回归结果相反。分样本回归的结果表明，这一正向影响主要是由非OECD国家带来。

支付系统项（PAY）下主要反映了影响电子支付的措施。它包括特定支付方法权限的相关措施，并评估了国内支付交易安全标准是否与国际标准一致。此外，它还涵盖了其他领域未涵盖的网上银行相关限制。

附表2-4汇报了以支付系统（PAY）为关键解释变量的回归结果。总体样本上电子交易壁垒与GDP增长负相关，但不具有统计意义上的显著性。在OECD的分样本回归中，支付系统（PAY）变量系数为零的原因是，在OECD国家支付系统下的数字贸易壁垒指数非常低，绝大多数这一国家数值为零。这表明支付系统这一项的数字贸易壁垒相对较小，对经济增长的阻碍作用较小。

3）知识产权（IPR）对经济增长的影响

知识产权项（IPR）下主要涵盖在知识产权保护方面给予外资企业和个人平等的版权和商标权保护政策，反映了在解决版权和商标侵权事件时适当的执行机制，包括网上发生的版权和商标侵权事件。

知识产权是能够对创新性知识等实施控制的一系列排他性权力的集合，其本质是对知识信息公开共享和私有控制的调节。知识产权保护制度提供了一种有限期间的独占性机制，使得数字产业创新能够克服非竞争性和非排他性。但知识产权保护也可能导致创新的垄断效应和无效率。技术标准与知识产权对数字产业创新具有复杂的双向影响，既有过程机制和价值结果的竞争性需求，又体现出创新驱动的一致性空间，使得二者的协同悖论成为数字产业创新格局快速演化的"新常态"（戚聿东等，2022[①]）。

附表 2-5 汇报了以知识产权（IPR）为关键解释变量的回归结果。此时总样本和非 OECD 国家回归系数为负，但 OECD 国家的回归系数为正，非 OECD 国家的回归系数绝对值大于整体样本回归系数的绝对值。这表明整体而言，与知识产权有关的数字贸易壁垒的下降对经济增长存在正面作用，但在统计意义上不显著。在非 OECD 和 OECD 的分样本回归中，这一系数正负号发生了改变。OECD 国家的这一系数为正，表明 OECD 国家对知识产权有关的数字贸易壁垒越大越有利于其自身经济增长。

4）其他影响数字贸易壁垒因素（OTHER）对经济增长的影响

其他影响数字化服务贸易的壁垒中（OTHER），

---

① 戚聿东、杜博、叶胜然：《知识产权与技术标准协同驱动数字产业创新：机理与路径》，《中国工业经济》2022 年第 8 期。

主要包括影响跨境数字贸易的绩效要求（performance requirements，如强制性使用当地的软件和加密技术或强制性技术转让）、下载和流媒体限制、网络广告限制；商业或当地存在要求、缺乏针对网上反竞争实践的有效补偿机制等。

附表2-6为其他数字贸易壁垒（OTHER）的回归结果。在总体样本回归中，核心解释变量的系数显著为负，并在1%的显著性水平成立。OECD分样本回归的这一系数绝对值大于总体回归系数的绝对值，这表明与影响跨境数字贸易绩效要求相关的数字服务贸易限制壁垒会对OECD国家造成更大的负面影响，而在非OECD国家中这一影响相对较小。

综合各分样本及分项指标的回归结果可知：数字服务贸易壁垒对经济增长的负向影响，在OECD国家的子样本中更加显著，该负向影响主要是由基础设施和连通性壁垒、其他服务数字贸易壁垒带来，而电子交易、支付系统、知识产权的影响并不显著。

3. 数字贸易开放影响就业的结果分析

第二个计量方程研究数字贸易开放对就业的影响，数字服务贸易壁垒作为核心的解释变量，被解释变量为劳动参与率（LFPR），控制变量与第一个方程类似，但不包含人口增长率这一控制变量，具体控制变量有：人均收入水平，使用人均GDP表示，TRADERATIO表示贸易开放度，使用进口和出口之和占 GDP 的比重表示。FCRATIO 表示投资率，使用固定资产投资占 GDP 的比重表示。PATENT 表示专利申请数量。IPRNO 表示知识产权使用费。

附表 2-7 中的第（1）列展示了包含所有样本国家的估计结果，此时数字贸易壁垒对劳动参与率的影响系数显著为负，并在 10% 的显著水平上成立。第（2）列对非 OECD 国家进行回归，回归系数变小，并且系数不显著。第（3）列对 OECD 国家进行回归，回归结果显著为负，并在 5% 的显著性水平成立。通过与（1）（2）（3）列回归结果比较发现，数字贸易壁垒对就业存在负向影响，对 OECD 国家的负面作用明显大于非 OECD 国家的负面作用，因此数字贸易开放主要促进了 OECD 国家的劳动参与率。

（1）基础设施和连通性（IC）对就业的影响

附表 2-8 汇报了以基础设施和连通性（IC）作为关键解释变量的回归结果。第（1）列展示了包含所有样本国家的估计结果，基础设施和连通性壁垒对劳动参与率的影响系数为负，但是不显著。第（2）列对非 OECD 国家进行回归，回归系数变小，并且系数不显著。第（3）列对 OECD 国家进行回归，回归结果变大并显著为负，在 5% 的显著性水平成立。可以发现，数字贸易中基础设施建设水平提升会对劳动参与率产生正面影响，非 OECD 国家不显著的原因可能是这些国家与数字贸易相关的基础建设相对薄弱。

（2）电子交易（ET）对就业的影响

附表 2-9 汇报了以电子交易（ET）为关键解释变量的回归结果。总体样本上电子交易壁垒与劳动参与率显著正相关，这与总指数的回归结果相反。

（3）支付系统（PAY）对就业的影响

附表 2-10 汇报了以支付系统（PAY）为关键解释变量的回归结果。总体样本上电子交易壁垒与劳动参与率负相关，但不具有统计意义上的显著性。在 OECD 的分样本回归中，支付系统（PAY）变量系数为零的原因是，在 OECD 国家支付系统下的数字贸易壁垒指数非常低，绝大多数这一国家数值为零。这表明支付系统这一项的数字贸易壁垒相对较小，对劳动参与率的负面作用较小。

（4）知识产权（IPR）对就业的影响

附表 2-11 汇报了以知识产权（IPR）为关键解释变量的回归结果。此时总样本和 OECD 国家回归系数为正，但非 OECD 国家的回归系数为负，非 OECD 国家的回归系数绝对值小于 OECD 样本回归系数的绝对值。这表明整体而言，与知识产权有关的数字贸易壁垒的下降对劳动参与率存在负面作用，但在统计意义上不显著。在非 OECD 和 OECD 的分样本回归中，这一系数正负号发生了改变。OECD国家的这一系数为正，表明OECD国家对知识产权有关的数字贸易壁垒越大越有利于其劳动参与率。

（5）其他影响数字贸易壁垒因素（OTHER）对就业的影响

附表2-12为其他数字贸易壁垒（OTHER）的回归结果。在总体样本回归中，核心解释变量的系数显著为负，并在1%的显著性水平成立。非OECD分样本回归的这一系数为负，但是不显著。OECD分样本回归的这一系数显著为负，并且在5%的显著性水平成立，这表明与影响跨境数字贸易绩效要求相关的数字服务贸易限制壁垒会对OECD国家的就业造成显著的负面影响，而在非OECD国家中这一影响并不显著。

总的来看，数字贸易壁垒下降会对经济增长和劳动参与率产生显著正向影响，并且对OECD国家影响更大，这表现在两个方面：一是OECD国家子样本回归结果中的核心解释变量的系数在统计学意义上更加显著，二是这一系数的绝对值在OECD国家子样本回归结果中相较于非OECD国家的绝对值更大，这表明数字贸易开放对于OECD国家而言更有利。

数字贸易壁垒中的基础设施建设水平提升会对OECD国家经济增长和劳动参与率产生显著正向影响，但是这一影响对非OECD国家不显著，原因可能是非

OECD国家的数字贸易基础建设相对薄弱。

与支付系统相关的数字贸易壁垒在总体样本中的结果不显著，并且这一估计系数在OECD国家中的结果非常小，原因可能是OECD国家支付系统下的数字贸易壁垒指数非常小，绝大多数这一国家数值接近零。这表明支付系统这一项的数字贸易壁垒相对较小，对经济增长和劳动参与率的负面作用较小。

对于OECD国家而言，与知识产权有关的数字贸易壁垒越大越有利于这些国家的GDP增长率和劳动参与率；而对于非OECD国家而言，与知识产权有关的数字贸易壁垒下降却不利于本国的经济增长和劳动参与率。可能的原因在于与知识产权相关的技术进步替代了劳动力，并且发达国家在知识产权方面占据了国际绝对优势，对知识产权的保护加深了这一优势地位，不利于发展中国家的发展。

（三）中国数字贸易开放的实践

中国一直致力于在数字贸易领域扩大开放。如：2019年11月，《中共中央国务院关于推进贸易高质量发展的指导意见》提到要加快数字贸易发展。推进文化、数字服务、中医药服务等领域特色服务出口基地建设。完善技术进出口管理制度，建立健全技术贸易促进体系。2020年11月国务院办公厅发布《关于推进对外贸易创新发展的实施意见》提到要大力发展数字贸易，推进国家数字服务出口基地建设，鼓励企业向数字服务和综合服务提供商转型。

中国致力于消除数字贸易壁垒。中国2016年出台了《网络安全法》，逐步开始构建数字化建设法律保障。探索在海南、上海等自贸试验区试点开展数据跨境流动安全评估，探索数字经济的开放路径，为中国数字治理累积经验。加强国际交流合作，落实好G20数字经济部长会议各项成果，积极办好中国—东盟数字经济年系列活动，积极参与金砖国家、中俄、中欧区域、双边机制，为发展数字经济贡献中国智慧和中国方案。

1. 加快数字贸易基础设施建设

中国致力于加快新型基础设施建设，加强战略布局，加快建设高速泛在、天地一体、云网融合、智能敏捷、绿色低碳、安全可控的智能化综合性数字信息基础设施，打通经济社会发展的信息"大动脉"。加大新型数字基础设施建设的建设力度，全面部署5G千兆光纤网络、IPV6、移动物联网等新一代通信网络基础设施。2021年，商务部等24个部门制定了《"十四五"服务贸易发展规划》，首次将"数字贸易"列入服务贸易发展规划，明确未来中国数字贸易发展的重点和路径。经过多年发展，中国数字贸易发展基础设施发达，物理化的基础设施如运输、公路、港口、通关等条件较好，与数字化相关的基础设施在全球发展最快。

2021年6月29日，浙江省政府公布全省《数字经济发展"十四五"规划》，提出到2025年将建成全国数字产业化发展引领区、全国产业数字化转型示范区、全国数字经济体制机制创新先导区，以及具有全球影响力的数字科技创新中心、具有全球影响力的新兴金融中心和全球数字贸易中心。

浙江省政府出台的《浙江省数字贸易先行示范区建设方案》（以下简称《方案》）明确了浙江数字贸易先行示范区的战略定位、发展目标、发展路径，围绕数字贸易新基建、新业态、新场景、新能级和新体系等"五新"及组织保障6大方面23条建设任务，并提出108条政策制度创新清单，系统推进浙江省数字贸易先行示范区建设。《方案》提出接轨国际高水平数字贸易开放体系，建设成为全球数字贸易变革策源地、数字支付结算创新地和智慧供应链平台汇聚地。

其中的重点之一是加快建设数字贸易新基建。从新基建方面提出4条建设任务，一是要加快新型互联网基础设施建设，打造枢纽型国际化数字强港；二是加快智算中心建设，争创长三角大数据技术国家工程实验室；三是加快数字贸易枢纽建设；四是加快数字物流设施建设。

浙江省数字基础设施建设有力促进了当地的货物和服务贸易发展，并促进经济发展和当地就业。从软件和信息服业来看，2020年浙江省的软件和信息服务收入为8394.5亿元，其中软件业务收入7037.7亿元。软件和信息服务业增加值4798.6亿元，增长9.3%。2020年软件行业平均从业人数达43.3万人，研发人员数量为15.3万人，人均年收入达27.8万元。数字经济已经成为浙江省高质量发展的重要推动力。

2. 提升数字贸易知识产权保护力度

为回应外国和外资的重大关切、让外资放心地来中国投资和做业务，中国承诺加强知识产权保护。2018年，中国重新组建国家知识产权局，完善执法力量，加大执法力度，把违法成本显著提上去，把法律威慑作用充分发挥出来。中国还鼓励中外企业开展正常的技术交流合作，保护在华外资企业合法知识产权。2019年修订《反不正当竞争法》进一步提高了商业秘密保护水平，2019年新的《商标法》加大了对恶意商标注册的打击力度，2020年1月1日生效的《外商投资法》与《外商投资法实施条例》则对商业秘密、技术转让方面的要求予以回应。

近年来，随着数字经济新业态的发展，新兴领域多样化的知识产权保护需求逐渐增强。由于与传统知识产权形态有所区别，数字经济领域知识产权的权利属性、保护范围和追责机制等面临新的挑战。北京聚焦数字经济和数字贸易的发展，加强跨境数据的保护规则与合作，推动公共数据的开放，研究数字贸易知识产权的相关制度。

北京自贸试验区于 2020 年 9 月正式揭牌，是全国第一个以数字经济为主要特征的自贸区。2022 年 5 月起，《中国（北京）自由贸易试验区条例》（以下简称《条例》）正式施行。为全方位促进区内数字经济发展，《条例》指出，要探索互联网、大数据、人工智能等领域的知识产权保护措施。

《北京市知识产权保护条例》由北京市第十五届人民代表大会常务委员会第三十八次会议于 2022 年 3 月 31 日通过。2022 年 7 月 1 日，《北京市知识产权保护条例》正式施行。这是北京市首部知识产权综合性法规。条例将加强重点领域、新兴领域知识产权保护，推进知识产权纠纷多元调处，提升知识产权保护的质量和效率。其中，第 20 条内容涉及数字贸易知识产权。市知识产权部门制定数字贸易知识产权保护指引，指导市场主体了解目标市场产业政策、贸易措施、技术标准等，对标国际通行知识产权保护规则，做好数字产品制造、销售等全产业链知识产权侵权风险甄别和应对。

北京对数字贸易知识产权的保护会继续加强北京数字服务贸易的发展。据统计，2021年北京市数字经济核心产业企业发明专利授权量达到4.3万件，同比增长1.2倍，占全市发明专利授权量比重54.2%，较上年提高23.7个百分点。同时，北京的在线游戏、在线娱乐、在线体育企业收入增幅都在20%以上，第三方移动支付金额增长16.3%，网上支付跨行清算系统业务量达到97.6万亿元，是2018年的1.8倍。随着对数字化贸易的保障和支持的增加，数字化服务业将升级跑出加速度。

（四）小结

本章的研究表明，要辩证看待数字贸易开放对经济发展的影响。一方面，数字贸易开放确实会从总体上促进经济发展；另一方面，不同国家、不同领域的数字贸易开放对经济发展的促进作用不同。数字贸易开放对发达经济体的促进效果更加明显，对发展中经济体的促进作用并不明显。这说明，不应一味促使发展中经济体降低数字贸易壁垒，应该考虑发展中经济体的实际情况。而且，对于发展中经济体而言，更应该重视数字贸易基础设施的建设情况。这将更有利于发展中经济体的发展。本章研究为数字贸易领域的国际合作提供了启发。一是切实应该加强合作，二是尊重不同经济体合作的不同诉求，三是合作的领域可以有优先序。

四　数字贸易开放与加强国际合作的建议*

数字贸易为全球贸易发展注入了新动能，正逐渐成为世界经济加快转型升级发展的重要推动力和推动经济全球化朝着更加开放、包容、普惠、平衡、共赢方向发展的重要引擎。同时，数字贸易也正成为全球数字经济开放与合作的重要纽带。习近平总书记高度重视数字贸易发展，强调要不断做强做优做大数字经济[1]，打造数字贸易示范区。[2] 但不可否认，数字贸易仍处在发展初期，在开放发展进程中，依然面临诸如数字经济基础设施和技术发展水平不平衡、数字经济和贸易的规则体系不完善、降低数字贸易壁垒等方面

---

* 本章执笔人：倪月菊，中国社会科学院世界经济与政治研究所，研究员；牛宇柔，中国社会科学院大学国际政治经济学院，硕士研究生。
① 习近平：《不断做强做优做大我国数字经济》，《求是》2022年第2期。
② 中国政府网：《习近平：打造数字贸易示范区》2021年9月2日，http://www.gov.cn/xinwen/2021-09-02/content_5635040.htm。

的国际交流与合作不足等问题，凸显了国际社会共同推进数字贸易发展的重要性和紧迫性。

（一）全球数字贸易开放存在的问题

数字贸易作为一种贸易新业态，正成为引领国际贸易创新发展的重要力量，不断拓展着贸易的边界。然而，作为一种新型的贸易业态，在开放发展过程中，仍存在诸多障碍。

1. 数字基础设施发展不均衡

数字基础设施建设是数字贸易发展的基础。数字基础设施不仅包括硬件的网络基础设施，还包括前端和后端应用等软件的开发。全球范围内，硬件和软件方面的数字基础设施的发展都存在不均衡现象。

（1）硬件基础设施建设不均衡

1）网络覆盖率的差距

国际电信联盟2021年的报告显示，目前全球有49亿人使用互联网，但仍有29亿人处于"离线状态"，其中96%的人生活在发展中国家。在中低收入国家，可负担性是网络缺失的重要因素。在一些最贫穷的国家，上网的费用可能达到人均国民总收入的20%或更多，远远超过其可承受范围（2%）。而对收入最低的20%家庭来说，一部入门级智能手机的费用约相当于家庭月收入的80%,严重加重了数字鸿沟。互联网覆盖率存在明显的地区差异、城乡差异。非洲的城乡差距要高于美欧等地区。(见图4-1)。

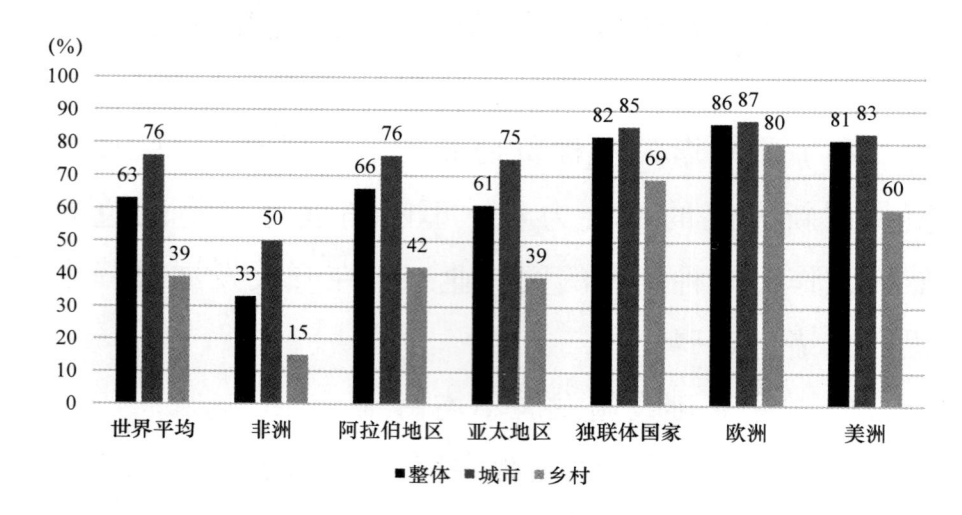

```
(%)
100
 90                                              86 87      81 83
 80                  76          76      75   82 85
 70             76              75         82    80
 60    63     66                              69
 50       50      66       61
 40 33        42      39                              60
 30    39
 20
 10       15
  0
   世界平均  非洲  阿拉伯地区 亚太地区 独联体国家 欧洲  美洲
            ■整体  ■城市  ■乡村
```

图4-1 世界各地区互联网覆盖率差异

资料来源:全球数字连接状况报告《事实和数字》,国际电信联盟,2021年。

2)网络通信建设差距

宽带覆盖率:2021年,全球平均每100名居民拥有17个固定宽带用户。在最不发达国家,每100名居民只有1.4个宽带用户。非洲的移动宽带覆盖水平较低,有18%的人口无法接入移动宽带网络。

IPv6:根据APNIC Labs国家IPv6能力统计,截止到2022年8月,有23个国家和地区的IPv6支持能力超过40%。按照区域划分,目前南亚地区IPv6支持能力最高,整体水平已经到达63%,西欧和北美排在第二和第三，IPv6 支持率分别为 55.74% 和 51.49%，非洲地区水平最低，东非、中非 IPv6 支持率分别为 1.58%、1.18%，西非地区最差，只有 0.7%。①

光纤建设：《2021 年光纤发展指数白皮书》显示，亚洲光纤建设综合指数排名前五的国家是新加坡、韩国、阿联酋、中国和卡塔尔，这些国家都为光缆建设提供了充足的政府拨款或补贴支持。欧洲国家中领先的是西班牙、瑞典、卢森堡和罗马尼亚，美洲地区中居于首位的是美国。光纤发展处于刚刚起步阶段的国家主要是南美、非洲和中亚的低收入国家。②

5G 基站：截至 2021 年 11 月，已有 112 个国家部署了 5G。③ 5G 基站建设数目的国别差距很大，中国截至 2021 年年底累计建成并开通 5G 基站 142.5 万个，5G 基站总量占全球 60% 以上。④ 在 5G 的下载速度测试中，韩国获得第一名。与此同时，目前很多国家还只使用 2G/3G 网络。

---

① 资料来源：APNIC Labs，https：//stats.labs.apnic.net/ipv6。
② 《Fiber Development Index in 2021》，Omdia，https：//omdia.flywheelsites.com/wp-content/uploads/2021/11/FINAL_Fiber-Development-Index-2021.pdf.
③ 资料来源：Ookla 5G Map 网站，https：//www.speedtest.net/ookla-5g-map。
④ 资料来源：中国政府网，http：//www.gov.cn/xinwen/2022-02/12/content_5673287.htm。

3）服务器与超级计算机分布差距

亚太、北美全球服务器的增长占了绝大部分，南美、中东和非洲的增加量极少。在超级计算机部署方面，2020年全球前500台超级计算机的所属地中，中国以217台的绝对优势位于第一，日本、新加坡、韩国和澳大利亚分别有34台、4台、3台和1台。服务器与超级计算机的分布呈现出严重的区域不平衡现象。

（2）技术软实力发展不均衡

1）全球数据中心和算力的国别差距

全球共有近5000家主机托管数据中心，约80%位于发达地区，亚洲发展中国家仅有约700家，占比约14%。算力水平方面，美国、中国、欧洲、日本在全球算力规模中所占的份额分别为36%、31%、11%和6%；智能算力方面，中国、美国处于领先，算力全球占比分别为52%和19%；美国、日本、中国在超级计算综合性能指标方面优势明显，总算力份额分别为31%、23%、20%。其他国家在发展算力方面有所欠缺。[1]

2）数字技术水平区域差距

世界知识产权组织（WIPO）在最新的2021年全球PCT专利报告提到，亚洲成为PCT国际专利申请的

---

[1] 《数据中心白皮书》《中国算力发展指数白皮书》，中国信息通信研究院，2021。

最大来源地，占 2021 年所有申请的 54.1%；北美和欧洲占比合计 44%，其他地区占比很少（见图 4-2）。从国别看，2021 年中国凭 65540 件 PCT 专利申请量排名全球第一，紧随之后的是：美国、日本、韩国、德国、法国、英国等。从教育机构的前十位 PCT 专利申请排名看，包括四所中国大学和四所美国大学，日本和新加坡各一所。可以看出，发达国家在数字技术方面占据了领先地位，部分发展中国家已经在赶追，不断缩小差距，但其他发展中国家与最前沿技术还存在很大差距。

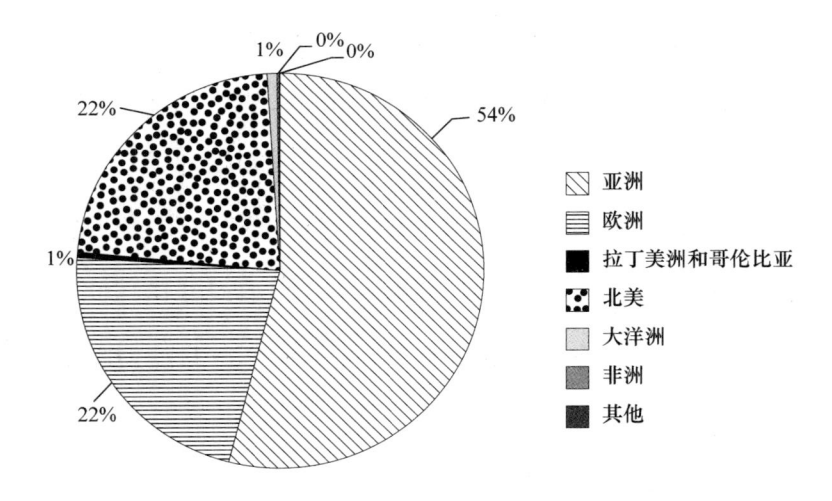

图 4-2　2021 年 PCT 专利申请的地区分布

资料来源：《2022 年专利合作条约年鉴内容提要》，世界知识产权组织。

3）数字教育与人才的区域差距

全球教育资源和水平的地区差距较大，特别是非洲教育在全球的竞争力更加弱化。《非洲新经济蓝皮书（2019版）》指出，非洲能够普及初等教育的国家较为稀少，2017年，非洲大陆的识字率只有64%，远低于中国的95%和世界86%的平均水平，数字化人才需求与供给之间的差距无疑是更大的。同时，一国的经济发展状态严重影响了人才的吸收和引流。有调查发现，各国ICT领域行业人才的重要来源是外国移民、回流人才与国际学生。中低收入国家人才吸引力不足，成为这些地区数字经济发展的一大障碍。

4）操作系统被发达国家企业垄断

数字时代，人们最离不开网络和使用网络的工具了，手机、平板与电脑成为必需品，但其必备的操作系统领域却垄断严重。全球操作系统几乎被谷歌、微软和苹果的Android、Windows、OS这三个系统垄断。截至2021年7月，全球Android占据的市场份额为41.14%，Windows为31.36%，苹果公司的OS系统为23.2%。[1]

5）芯片被发达国家企业垄断

芯片是数字技术的基石。美国、日本、韩国、欧洲等国家和地区基本垄断了芯片产业链的高价值环节。其中美国的AMAT是全球最大的半导体设备公司；荷

---

[1] 资料来源：美国网站通讯流量监测机构StatCounter，https://gs.statcounter.com/。

兰的 ASML 被称为光刻机霸主；全球芯片设计公司被美国企业博通、高通、英伟达包揽；芯片制造则以中国台湾的台积电、韩国的三星为代表。

总之，不论是在硬件基础设施建设或者软件开发方面，最不发达国家目前都处于很落后的地位，部分发展中国家在数字基建领域表现出色，发展迅速。数字生产（尤其是芯片和操作系统）的跨国垄断方面，主导者都是发达国家。

2. 数字经济和贸易的发展水平不均衡

（1）数字经济发展水平的不均衡

按照中国信通院对世界 47 个国家与地区的统计，2020 年全球数字经济增加值规模达到 32.6 万亿美元。其中，高收入国家占 77.7%，低收入国家只占到 2.2%。数字经济占本国 GDP 的比值，高收入国家达到了 50% 以上，说明数字经济在其经济中越发重要。在产业数字化方面和产业渗透方面，高收入国家也做得更好。值得关注的是，在数字经济增速方面，低收入国家增速较快，达到了 5.5%，说明低收入国家的数字化正取得巨大的进步（见图 4-3）[①]。

---

① 图 4-3 中，产业渗透率，采用了第一、第二、第三产业的数字经济占比来表示。按照《数字经济及其核心产业统计分类（2021）》中数字经济定义，数字经济包括数字产业化部分和产业数字化部分两大部分，因此各国的数字产业化占数字经济的比重和产业数字化占数字经济的比重加起来为 100%。数字产业化、产业数字化的详细测算参照《全球数字经济白皮书——疫情冲击下的复苏新曙光》的附件三中说明。

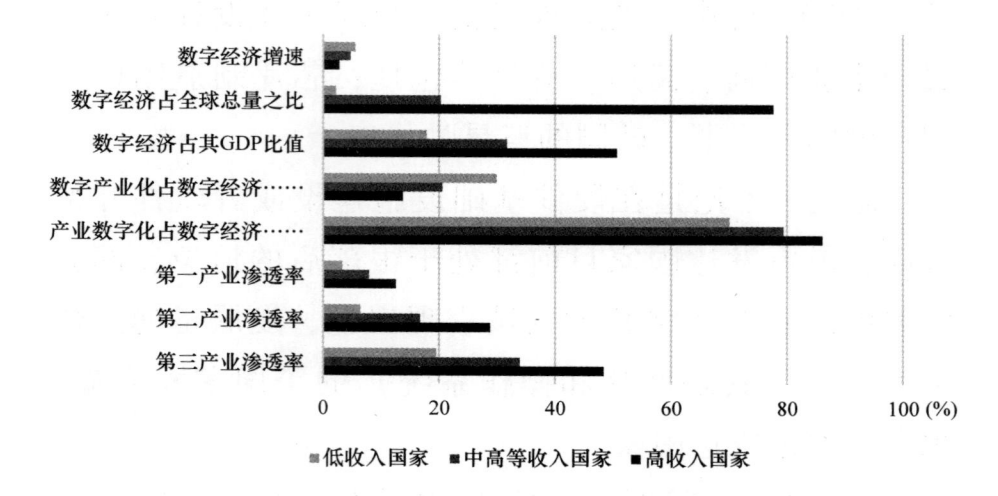

图 4-3　2020 年不同收入国家数字经济发展状况

资料来源：《全球数字经济白皮书——疫情冲击下的复苏新曙光》，中国信通院。

（2）数字贸易发展水平的差异

联合国贸发会数据显示，2020 年全球数字化交付服务贸易额达到 3.17 万亿美元，信息与通信技术（ICT）贸易额达到 6.76 万亿美元。全球跨境电商交易规模突破 1 万亿美元，年平均增长速度高达 30%，远远高于货物贸易的增长速度。[①]

不同收入水平的国家，数字贸易的差异较大（见图 4-4）。低收入国家的数字贸易（ICT 与数字化交付服务）占世界贸易总额低于 1%。从 ICT 贸易看，中低

---

① 资料来源：张新民、王分棉、陈汉文主编：《企业海外发展蓝皮书：中国企业海外发展报告（2020）》。

收入国家占比较高，高收入国家在数字化交付服务上处于领先水平。

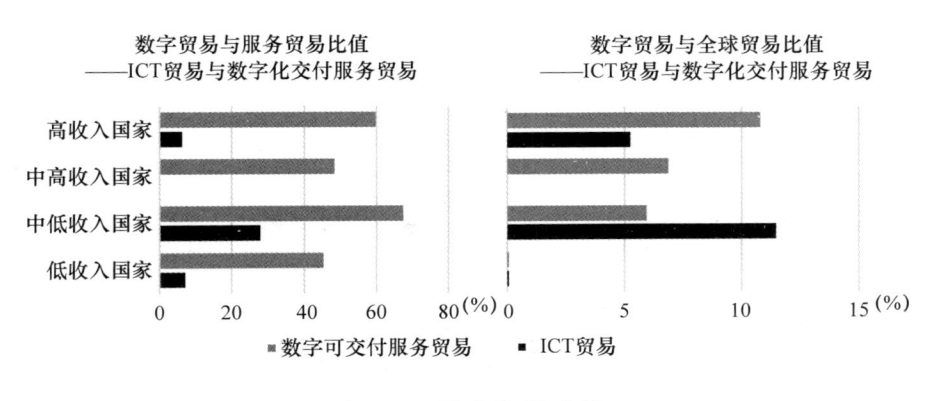

图 4-4 数字贸易占比

资料来源：联合国贸易发展会议（https://unctadstat.unctad.org/wds/TableViewer/tableView.aspx?ReportId=158358）数据整理所得。（中高收入国家 ICT 贸易数据缺失）

数字贸易增速不均衡。低收入国家数字贸易增速波动幅度较大。2016—2020 年，不论是数字化交付服务贸易或者 ICT 贸易，都经历了波动剧烈的发展，减幅最高超过了 40%，但是在其出现正增长时，增幅较大，数字化交付服务贸易甚至超过 80%，在 2020 年也保持了较高增长。高收入国家的数字贸易在这 5 年增速比较稳定，考虑到高收入国家自身数字贸易规模基数较大，稳定的增长带来的数字贸易收益很可观。不过在 2020 年，高收入国家的数字化交付服务贸易因受到疫情冲击出现了负增长。中等收入国家不论是数字化交付服务贸易还是 ICT 贸易，都呈增长趋势，只是增速略有起伏（见图 4-5）。

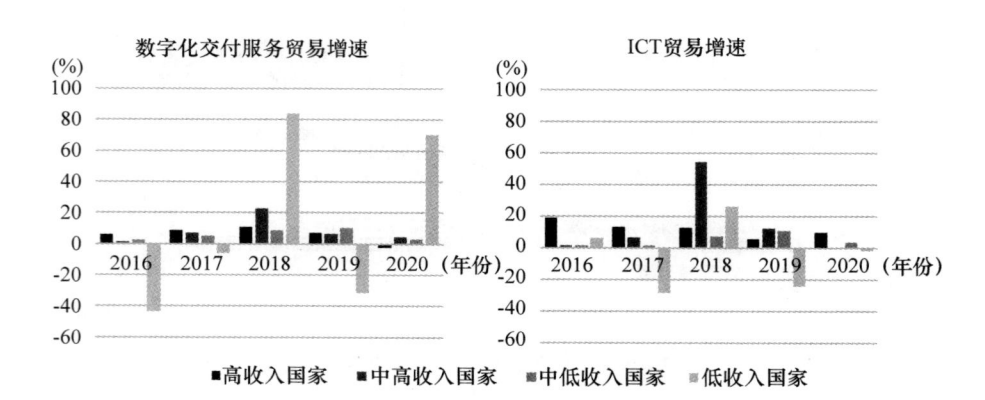

图 4-5　数字贸易增速——数字化交付服务及 ICT 贸易

资料来源：联合国贸易发展会议（https：//unctadstat. unctad. org/wds/TableViewer/tableView. aspx？ ReportId＝158358）数据整理所得（2020 年 ICT 贸易的中高收入国家数据缺失）。

数字贸易需求同样存在区域分布不均衡状态。根据阿里研究院与毕马威联合发布的数字消费者指数，中国、韩国和新加坡的数字消费分别位居全球第 1、第 2 和第 4 名，新西兰、澳大利亚和日本的排名也相对较高，分别为第 10、第 11 和第 21 名。除老挝、缅甸和柬埔寨之外，其余东盟国家均位列全球前 50。[1] 很多发展中国家在数字消费者方面具有天然优势，随着这些国家的数字基建的展开，其原有的劳动力红利可以

---

[1] 《2018 全球数字经济发展指数报告》，阿里研究院与毕马威联合发布。

直接转化为数字消费者红利,凭借巨大的需求市场,发展中国家将迎来经济发展的新机遇。

(3) 跨国数字平台垄断严重

数字平台凭借其中介功能,能完美复刻的性质以及快速传播的能力,加快了在全球范围内的扩张进程。截至 2020 年年底,全球市场价值超 100 亿美元的数字平台企业已达 76 家,市值总额达 12.5 万亿美元,同比增长 57%。同时数字平台的所属国区域分布极不均衡。UNCTAD 的研究发现,全球前 100 大数字平台企业中有 41 家位于美洲国家(主要是美国),对应的市值占比达到 67%。

数字平台的发展成就了多个实力雄厚的跨国数字垄断平台公司。2021 年《财富》世界 500 强企业排行榜中,全球共有 7 家数字平台企业入榜,分别是亚马逊、谷歌母公司 Alphabet、Facebook、京东、阿里巴巴、腾讯、小米。前三名是典型的跨国数字垄断平台,而中国的四家公司在国内市场也具有垄断地位。在盈利方面看,苹果以 574 亿美元的利润位居榜首,微软、谷歌母公司 Alphabet 和社交媒体巨头 Facebook 在利润榜上分别位列第 5、第 7 和第 10。[①] 可以看出这些垄断数字企业在为各国消费者提供数字服务的同时,攫取

---

① https://www.fortunechina.com/fortune500/c/2021-08/02/content_394571.htm.

了全球数据价值链中的大部分收益。平台垄断不仅给数字贸易的公平竞争带来干扰，损害全球数字贸易企业的利益，还会降低消费者的效用，在极端情况下甚至会威胁到国家安全。

3. 数字贸易发展的营商环境有待改善

（1）商业环境还需优化

1）公平竞争环境的欠缺

目前全球反数字垄断和不正当竞争措施的实施主要针对的是数字平台，且局限在欧美等发达国家以及少数如中国等发展中国家。在国际市场，对各种数字技术发展的关键产品和元件的跨国垄断问题，还没有相关统一规则监管和国际合作机制。同时，很多国家数字领域的反垄断立法不完善，且政府监管政策存在空白与不足，导致数字经济市场秩序混乱。全球数字领域的反垄断和反不正当竞争的监管扩展有限，法律条款也需进一步更新和完善。

2）市场准入的障碍

个人数据保护监管框架会对数字贸易企业进入市场产生实质性影响，过分严格的监管会对其进入市场造成进入壁垒。欧美等发达国家的"技术联盟"对其他企业造成进入障碍。如美国 NextG 联盟、跨大西洋智能联盟、量子技术联盟及半导体联盟等，是以价值观为基础的发达国家间的数字技术合作，排斥非联盟成员企业。这些国家通过统一标准强化国际合作，掌握了数据和技术主导权，把控了数字领域的技术标准，提高了企业进入门槛，形成了较高的市场准入障碍。

（2）法律与安全环境还需完善

世界银行2021年《世界发展报告》显示，迄今为止，只有极少数中低收入国家确立了恰当的网络安全法律框架（见图4-6）。[①] 许多国家虽制定了各种数据法规，但由于监管框架不够广泛或监管内容不健全，导致法律不能够为数据经济创造有利的环境。低收入国家在这方面的表现尤其不佳。相比之下，高收入国家在数据治理方面尽管有部分立法不够健全，但却实行了一系列高效率的监管措施，包括对个人数据自动处理的安全要求、对数据处理器/控制者的网络安全要求，以及创建网络安全战略、基础设施和机构等。[②]

（3）政府的数字治理能力还需加强

1）数字税议题分歧较大

目前，各国的税收规则与数字技术、数字经济发展存在冲突。受现行国际税收规则的限制，数字经济

[①] 《2021年世界发展报告：数据改善生活》，世界银行。
[②] 《绘制世界各地的数据治理法律框架：来自全球数据监管诊断的发现》，世界银行，https://documents1.worldbank.org/curated/en/581331617817680243/pdf/Mapping-Data-Governance-Legal-Frameworks-Around-the-World-Findings-from-the-Global-Data-Regulation-Diagnostic.pdf。

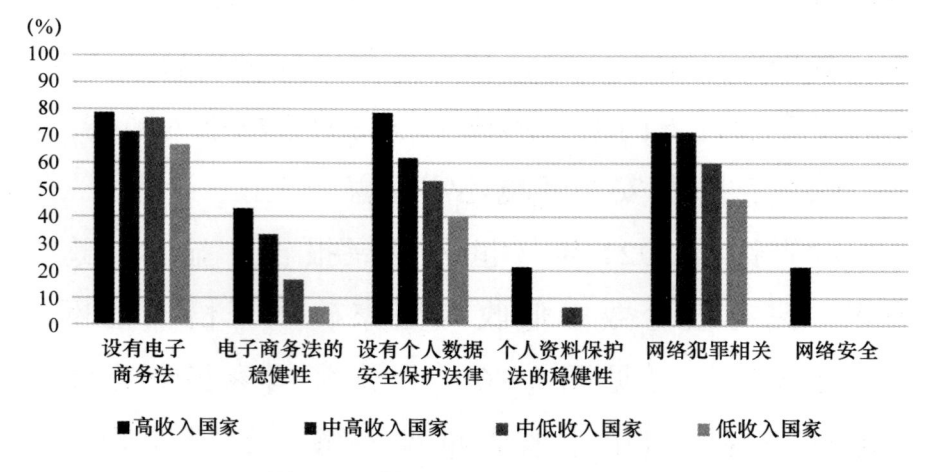

图 4-6 数字领域关键立法情况

资料来源：《绘制世界各地的数据治理法律框架：来自全球数据监管诊断的发现》，世界银行。

市场国无权对未在本国设立实体的外国科技巨头征税，导致中低收入国家无法获得与其利润创造相应的税收回报。就间接税（如增值税）而言，税收权明确属于最终销售所在国，但这些国家往往缺乏征收此类税项所需的行政能力。对东亚国家的估算表明，到2030年，这方面的财政收入损失可能占国内生产总值的1%。至于直接税（例如公司税），如何对在某个市场无实体却在该市场经营的企业征税，国际上缺乏统一规则。在尚未就此达成共识的情况下，越来越多的国家正通过征收临时性的数字服务税作为补偿。[1]

---

[1] 资料来源：《2021年世界发展报告：数据改善生活》，世界银行，2021。

2）电子政务服务便利化存在区域差距

据《2020联合国电子政务调查报告》测算，2020年全球电子政务服务指数较2018年得到较大提升。从区域看，欧洲仍处于领先地位，其次是亚洲、美洲、大洋洲，非洲最差（见图4-7）。

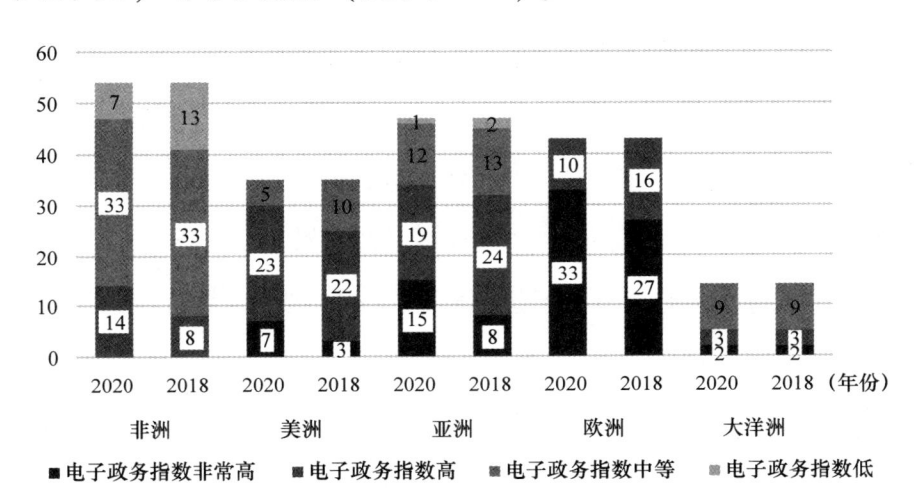

图4-7　2018年与2020年按电子政务指数水平分组的国家分布情况

资料来源：《2020联合国电子政务调查报告》，联合国经济和社会事务部。

3）数字发展战略制定及实施的差异

截至2021年年底，全球60多个国家和地区已部署了AI战略；超过15个国家和地区推动了量子技术战略。[①] 2021年全球主要国家的前沿数字产业战略文件数量是2017年战略文件数量的1.5倍之多，战略制

---

① 《全球数字产业战略与政策观察（2021年）》，中国信通院，2021。

定速度不断加快。但对于数字化战略的实施方面，低收入国家在疫情背景下，国内困难重重，负债率突破新高，数字化转型建设资金断裂风险较高，实施困难比较大。

4. 数字贸易发展缺乏全球统一的国际规则

（1）全球数字贸易概念界定与测算方法不统一

数字贸易这一概念界定在全世界未达成共识。国际上形成了美国数字经济统计测算、OECD 数字经济统计指标、欧盟数字经济与社会指数（DESI）、中国信通院数字经济核算方法等 30 多个测量指标和方法，各测算方法得出的结果之间存在较大差距。[①] 由于概念界定的不统一，以及缺乏系统、准确的统计数据支持等原因，使得国内外对数字贸易的研究还只能停留在探寻规律的层面，较少涉及数字贸易本质及其背后的经济全球化理论。量化研究也多选取部分数字贸易产品为研究对象，缺乏全球和全领域的整体分析。

（2）全球数字治理规则滞后且碎片化

全球数字贸易不断出现新的领域，同时涌现出很多新的问题，如平台垄断、算法合谋、数字鸿沟问题。目前，全球范围内的数字治理规则暂未形成完整的框架，各国在制定或参与贸易规则时，关注点大不相同。

---

① 本章所采用的数据主要来自中国商务部和中国信通院，以及联合国贸发会。

各大国的治理主张通过主导的区域和多边协定形成了分散状的辐射力，全球数字治理模式碎片化发展。目前，全球数字治理主要形成了四种代表性模式："美国模式""欧盟模式""RCEP模式""DEPA新模式"。这几种模式的分歧主要是：数字跨境流动性、数字产品的非歧视待遇、数据存储本地化、网络自由接入、网络平台中介责任、个人信息保护。由于这些议题都比较敏感，涉及个人和国家数据安全问题，各种模式之间融合难度高，因此可能还需要更长时间，才可能达成全球绝大部分国家认可的数字治理框架。

（3）全球数字规则制定变为大国博弈场

全球数字规则制定成为数字大国战略竞争的博弈场，数字治理与地缘政治相互影响现象越来越严重。美国牵头组建"民主国家科技同盟"，欧洲发布《欧盟印太战略》，日本加紧推动"基于信任的数据自由流动体系"（DFFT），试图打造美欧日数字流通圈。大国间联盟，意图在数字规则方面建立其统治地位，实现这些国家的利益最大化。同时，他们不仅将数字技术与法治、制度乃至人权等价值观挂钩，还在数字领域搞"地缘政治"的把戏，对华展开"数字新冷战"，以维护自身"数字霸权"及全球科技领导地位，构筑对华"数字同盟圈"或"战略合围圈"。

（二）以国际合作促进数字贸易开放

国际社会致力于解决上述问题，在多边、区域和双边层面，积极开展了多种形式的国际合作，以促进数字贸易的发展与开放。

1. 多边层面

（1）构建全球数字贸易规则

WTO 框架下的《信息技术协定》（ITA）是数字贸易领域最富成效的多边贸易协定之一。截至目前，该协议的参与国已增至 82 个，约涵盖世界信息技术产品贸易的 97%。目前，对于新兴的数字产品，如高速数字相机、3D 打印机、无人机和卫星以及工业机器人等相关产品和元件，在生产中的使用越来越广泛，重要性也在逐渐增加，因此不少国家都在倡议进一步扩充该协议至 3.0 版本。

2019 年 1 月，WTO 启动电子商务议题谈判。目前，已有 86 个 WTO 成员陆续加入电子商务谈判。在贸易便利化措施，如电子签名和认证、电子支付、无纸化贸易；增强消费者信心的措施，如在线消费者保护、个人信息保护；增强透明度的措施，如公布电子商务相关措施等方面达成了共识。不过在跨境数据流动、数据本地化、源代码保护、电子传输免关税永久化等核心议题上各方仍存在明显分歧。

在其他的多边层面上,G7、OECD、G20及"一带一路"等由经济大国引导或参与的多边体系,在数字治理规则的制定方面,涉及的领域更多,议题的深度广度也比WTO要高。其中G20成为覆盖数字议题最广泛,且参与国家总体影响最大的多边机制。这些国际组织对于新兴领域如人工智能和区块链的治理也进行了积极探索(见表4-1)。

表4-1 全球主要国际组织数字议题设置情况

常设数字议题	国际组织					
	WTO	G20	OECD	G7	APEC	一带一路
人工智能		√	√	√		√
区块链			√			
加密资产		√	√			
宽带/数字基础设施		√			√	√
消费者政策		√	√	√		
数字经济		√	√	√		√
数字政府		√	√			√
数字税		√	√			
数字隐私					√	
跨境贸易/电子商务	√	√	√	√		

资料来源:《全球数字治理白皮书》,中国信息通信研究院。

(2) 建设全球数字基础设施

全球数字基建计划主要是为了缩小数字发展差距,

削减全球"数字鸿沟",促进发展中国家数字基础设施的建设与升级,给各国更好地融入全球化数字经济提供平台。目前全球数字基础设施建设合作主要在多边层面进行,"数字丝路建设""G7—重建美好世界""全球联通欧洲"为其中最受关注的三个项目。

"数字丝路"建设由中国在"一带一路"倡议基础上提出,一方面,通过搭建国际会议、论坛等短期或持续性公共服务平台,建立双边或多边合作协议,制定国际规则和规范,助推基础设施与标准建立;另一方面,与"一带一路"沿线国家就数字丝绸之路建设的相关问题,协商各类政策、法律,签署合作协议、备忘录。截至2021年年底,中国已与17个国家签署"数字丝绸之路"合作谅解备忘录,与23个国家建立"丝路电商"双边合作机制。[①] 中国与"一带一路"沿线多个国家建设了跨境的多条陆上和海上的电缆光缆,系统容量超过100Tbps,直接连通亚洲、非洲、欧洲等世界各地,为基础设施互联互通奠定了基础。

"重建美好世界(B3W)"是2021年6月由G7提出的,计划投入40多万亿美元,满足发展中国家巨大的基础设施建设需求,覆盖拉丁美洲、非洲和印太等地区。根据G7公报,B3W计划有以下关键原则:价值观导向、强化合作、市场导向、严格的标准、加

[①] 资料来源:《数字中国发展报告(2021年)》,国家网信办。

强多边融资、战略伙伴关系。

"全球联通欧洲"由欧盟理事会在2021年7月批准。该战略旨在促进欧盟及各国的经济、外交和安全利益的发展，实现地缘战略和全球角度的互联互通，并准备于2022年开始实施。欧盟还计划将此战略与此前出台的欧盟绿色新政和适应数字时代的欧盟发展战略联系起来。

2. 区域层面

由于多边层面的数字贸易协定难以达成统一，更多国家选择了参加双边或者区域性的数字贸易相关协定的谈判。目前，WTO 记录的有效区域贸易协定数量为 88 个，其中涉及电子商务的区域贸易协定有 21 个。[①] 这些区域协定通常以代表性成员国政策诉求为切入点和出发点，形成"核心成员国政策诉求+成员国利益平衡"的连接机制。[②]

近年来，全球主要的区域自由贸易协定都设置了数字贸易相关条款。但由于各国国情和利益不同，制定的条款和侧重点有所不同。技术领先的发达国家更倾向于数字贸易的自由发展，发展中国家则侧重于保障国家安全和国内产业。国际上覆盖内容比较全面、

[①] 资料来源：WTO 区域贸易协定数据库，登录时间为 2022 年 8 月 27 日。

[②] 刘军、彭乔依：《区域贸易协定的数字贸易规则结构对中国数字贸易发展影响》，《价格月刊》2021 年第 11 期。

影响范围比较广的涉及数字贸易的区域协定主要有：全面与进步跨太平洋伙伴关系协定（CPTPP）、美墨加自由贸易协定（USMCA）以及区域全面经济伙伴关系协定（RCEP），再加上欧盟对外构建的贸易协定，可以分为"美国模式""欧盟模式""RCEP模式"三种数字治理模式。① 这3个区域协定参与国加上欧盟成员国，涵盖了世界上主要的47个经济体，这些国家2019年的数字经济规模达到31.8万亿美元。可以说这三种模式是目前数字治理领域最具影响力的治理框架。②

目前区域层面出现了一个数字治理新模式——"DEPA模式"。《数字经济伙伴关系协定》（DEPA）是智利、新西兰和新加坡三国于2020年6月12日线上签署建立的数字贸易协定，是全球第一个关于数字经济的单独规则安排。目前该协议已经受到全球各国的积极关注。DEPA最大的特点是模块化结构与执行方式，这意味着可以根据各国的利益和发展情况选择性地参与谈判，加入部分模块。这样无疑有利于缔约方之间尽快在关键领域达成共识，避免漫长的协商过

---

① 另有一说法是"美国模式""欧盟模式"与"中国模式"，根据目前中国在全球数字治理规则中的参与数量与深度，笔者认为"RCEP规则"更合适。

② 关于三种模式的侧重点和分歧，见本章第四节内容。

程，实现成本最小及利益最大化。① DEPA 的出现有利于在互相尊重各国和地区发展特点基础上形成更开放、包容、普惠的数字市场，并在合作中不断优化制度，推动普遍发展与共同繁荣。

3. 双边层面

目前，WTO 记录的有效双边贸易协定数量为 290 个，其中涉及电子商务的贸易协定 96 个。② 2000 年《美国—约旦自由贸易协定》是第一个在协定中包含电子商务条款的双边自由贸易协定。2003 年，电子商务在《新加坡—澳大利亚自由贸易协定》中首次以单独的章节出现。在之后的双边协议中，各国不断加入数字贸易的更多议题，同时强化深化已经建立的规则。2021 年《美国—日本数字贸易协定》首次在协定中单独纳入数字税条款。

总的来看，目前全球数字治理规则制定正持续发展和调整，各种关键议题在多边、区域和双边层面逐步协商确定，取得了一定进展（见表 4-2）。未来全球数字贸易多层次的国际合作仍将持续增加，数字治理多种机制将迎来活跃变动期，数字规则加速形成，将深刻影响全球经济社会发展走向。同时在世界经济环

---

① 周念利、于美月：《中国应如何对接 DEPA——基于 DEPA 与 RCEP 对比的视角》，《理论学刊》2022 年第 2 期。
② 资料来源：WTO 区域贸易协定数据库，登录时间为 2022 年 8 月 27 日。

境低迷的情形下的国家利益失衡，将推动各国在数字领域全球治理方面的博弈。

表 4-2　　　　　全球数字治理关键议题进展

关键议题	进展状况
人工智能	具体场景下的风险/责任规则写入全球首部人工智能法案（提案）。2021 年 4 月，欧盟委员会发布《人工智能统一规则》法案的提案，这是全球首部人工智能国内立法文本。2021 年 9 月，中国出台《新一代人工智能伦理规范》，提出了 6 项基本伦理要求 个人数据保护渗透人工智能新业态新应用监管规则。美欧明确反对在公共场合利用人脸识别技术，还反对利用人工智能技术收集个人信息并开展大规模监控 多个国际组织争取成为全球人工智能治理的引领者。2019 年，OECD 与 G20 先后通过《OECD 人工智能原则》和《G20 人工智能原则》，两个组织构成了当前全球人工智能治理的两大阵营
跨境数据流动	跨境数据流动条款在国际贸易协定中不断变化演进。在《全面与进步跨太平洋伙伴关系协定》《数字经济伙伴协定》中，要求除公共管理目的外不对数据的跨境流动和计算机设施的位置采取限制措施，同时相关措施需满足合理、必要、非歧视等要求；在更高水平的美墨加、美日协定中，首次在计算设施本地化条款中去除了数据本地化措施的例外条款 国际社会或将就跨境数据流动规则达成新共识。2021 年 10 月，G7 贸易部长会议发表关于数字贸易的宣言，提出了可信数据流动的若干原则，G20、OECD 等国际组织极有可能响应这一倡议
数字平台责任	从国际经贸协定看，平台民事责任已出现在部分高标准协定中。如 2019 年和 2020 年相继签署生效的《美日数字贸易协定》《美墨加协定》，增加了交互式计算机服务（即平台服务）免责条款；2020 年 12 月发布的 WTO 电子商务谈判合并案文同样纳入了两项来自成员国提案的平台责任界定的款项 从国内治理看，平台公共责任已被纳入部分国家政策法规，未来有可能拓展至国际经贸谈判。2020 年 12 月欧盟发布的《数字服务法案（草案）》、2021 年 10 月中国市场监管总局发布的《互联网平台分类分级指南（征求意见稿）》《互联网平台落实主体责任指南（征求意见稿）》，均提出对平台进行分类分级监管，根据平台所属等级确定其应承担的责任范围

续表

关键议题	进展状况
数字税	OECD多边框架下数字税收规则取得重大进展。2021年10月，G20/OECD第十三次全体成员发布《关于应对经济数字化税收挑战双支柱方案的声明》，对多边框架下数字税收规则完善具有里程碑意义 单边数字税征管或将转冷。在此前缺乏国际统一数字税收规则的情况下，缔约方撤销数字服务税以及其他类似单边措施，并承诺未来不再引入类似措施 各方就数字税征收的分歧正在多边框架下不断弥合。截至2021年十月，OECD多边框架下的数字税收方案已得到136个国家的支持
数字货币监管	专业机构和国际标准制定组织积极搭建数字货币的治理框架。如G20下的FSB，G7下的TATF，以及IMF下的多个管辖机构 跨境支付与全球稳定币成为全球数字货币治理的重要议题。在跨境支付方面，相关标准即将出台。国际资金清算系统SWIFT将于2022年年底出台新修订的ISO20022［SWIFT（2020a）］，作为全球数字货币跨境支付标准

资料来源：《全球数字治理白皮书》，中国信息通信研究院。

（三）中国数字贸易开放的建议

1. 影响中国数字贸易开放的因素

（1）数字贸易发展不平衡

据商务部统计，中国数字服务贸易额从2015年的2000亿美元增至2021年的3605.2亿美元，年均增长10.3%，数字服务贸易占服务贸易的比重从30.6%增至43.9%，发展迅速。尽管如此，中国数字贸易开放发展的不平衡问题也较突出。

1）中国数字贸易占比较低

根据贸发会估计的数据，2020年中国数字化交付服务出口总额 1544 亿美元，占服务出口总额的 55%，低于 63% 的世界平均值，同时在全球数字化交付服务贸易中占比只有 4.8%（见图 4-8）。

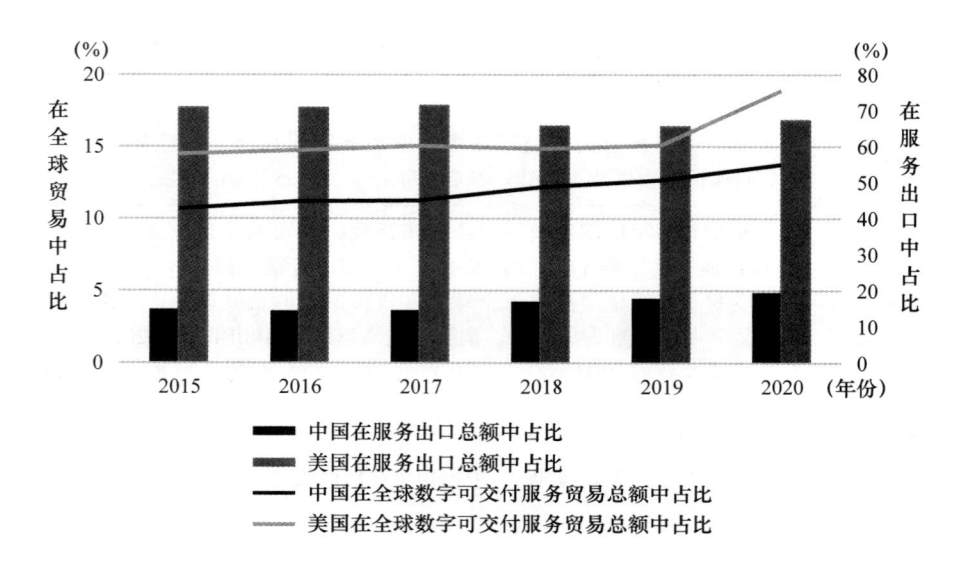

图 4-8　2015—2020 年中美数字化交付服务贸易比较

资料来源：联合国贸易和发展会议（https：//unctadstat.unctad.org/wds/TableViewer/tableView.aspx? ReportId=158358）。

2）数字贸易的地区和行业发展不均衡

从地区发展看，中国数字贸易的发展水平呈现东强西弱和南强北弱的态势。数字贸易发展程度比较高的省市主要集中在东部和东南沿海地区，而中西部省市的数字贸易发展则相对滞后[①]。从数字贸易相关行业

---

① 资料来源：《中国区域与城市数字经济发展报告（2020）》，中国信通院，2020。

来看，中国数字产业存在发展不均衡问题，电子商务发展迅速，规模庞大，但其他数字贸易产品如人工智能、数字服务贸易、数字产品等，在数字贸易中占比相对较少，还有很大的成长空间。

(2) 国内数字基建区域失衡

《数字中国发展报告（2021年）》对31个省（区、市）数字基础设施的评估发现，数字基建与地区经济发展水平密切相关，北京、上海、浙江、江苏、天津、广东、重庆、河南、山东、四川10个省（市）位列数字基础设施建设水平全国前10名。[①] 全国数字基建在经济较强的地区发展较快，西部和中部省发展相对较慢。同时在数字基建中，社会资本进入的规模较小，层次较低，这可能会造成该领域市场活力不足，效率低下的问题。

(3) 数字贸易相关制度和环境的缺失

在法律制度建设方面，中国近年来从多个方面进行完善和发展，修改和制定了《电子商务法》《网络安全法》《数字安全法》《个人信息保护法》《数据出境安全评估办法》《互联网信息服务算法推荐管理规定》等重要法律和规章制度，并正式颁布《关于平台经济领域的反垄断指南》，初步构建了数字治理的基本

---

① 资料来源：《数字中国发展报告（2021）》，国家互联网信息办公室。

框架。与此同时，中国数字领域的法律存在不少的问题：各数字领域相关适用条款相对分散化，相关的法律涉及民法、知识产权法、行政法等多个法律，且很多是原基础上的补充，不少内容不够完善，部分治理条款的法律层次比较低。同时相对于数字经济形势的快速变化，法律条款的设置往往较为滞后。

在税制方面，中国现行税制在数字贸易领域有两个主要问题：其一，是现行的产业税收优惠政策经常导致一些新兴的平台类企业被政策"忽略"，应用数字技术的传统企业，无法享受到相应的税收优惠；其二，同世界其他实行以属地管理为主的税收征管制度国家一样，数字贸易企业经常设置在贸易发生地之外的国家，使得贸易发生国难以获得相应的税收收入。同时，中国没有制定数字税相关规则，导致数字贸易相关税征收困难，也没有建立合适的监管机制。

（4）在全球数字治理中的影响力不足

作为数字经济大国，中国近年来积极参与全球数字治理，谈判并签署了多项含有电子商务专门章节的协定，同时中国参与的 RCEP 协定在数字经济和电子商务领域涉及了更多前沿议题，体现了中国在数字经济治理国际规则方面的重要探索和有益尝试。中国现阶段已经申请加入 DEPA、CPTPP 等协定，2022 年 8 月中国加入 DEPA 工作组正式成立，将全面开启中国加入 DEPA 的谈判。

在数字治理规则方面，目前中国主导、参与的高水平区域和双边贸易协定还比较少，在数字贸易规则的相关谈判中所涉及的议题较少、标准较低。在全球数字规则制定方面，中国的影响力远落后于美国和欧盟。在数字标准方面，中国与欧美等发达国家差距依然较大，未来仍需努力。截至 2020 年，由美英德法日主持和主导的国际标准数量占到全球标准数量的 90%—95%，而另外的 170 个国家主持的标准数量占到 5%，其中中国占 1.8%。

中国还面临发达国家对中国参与数据跨境流动国际规则的排斥和干预。随着发达国家在国际数字贸易规则制定协商过程中积极抢占主导权，建立规则优势，中国等发展中成员未来在融入新的规则体系中必然要付出更高昂的代价和规则成本。

2. 推进中国数字贸易开放的建议

（1）促进数字基础设施的平衡发展

1）继续推动"'新基建'布局+'东数西算'"战略

为促进数字基建的平衡发展，中国应继续推动"新基建"布局与"东数西算"战略。"数字基建"是"新基建"战略布局的重要发力方向。在数字基建布局过程中，需要注意地方政府的建设计划，要与地区经济相匹配，逐步推动适合本地区的重点新基建、数字基建项目落地，避免"蜂拥而上"。政府在引入数字基建项目时需认真调研，考虑区域资源环境承载能力，核算成本收益，避免无效基建，浪费资源的同时增加自身财税负担。

"东数西算"是中国推动全国算力均衡发展的重点战略，也是"新基建"布局的重要一步，可以促进西部数字基建的发展。持续推动"东数西算"战略可以提高西部数字网络站点数量，提高西部数字网络传输质量，有利于国内数据中心由点及面，形成网状联系，提升全国网络互联互通水平。

2) 推动市场主体参与数字基建

数字基础设施具有强外部性、效用外溢性、公共产品属性、受益范围广、规模经济等特点，技术和资金门槛高，同时建设周期长，维护成本高，因此主要是由政府部门规划指导和投资建设。但是在数字基建庞大的工程中，要分清政府与市场的关系，哪些该政府做，哪些该市场做，合理激发市场主体内生动力和创造力，充分利用社会资本。在很多细分领域，完全可以充分发挥市场作用，扩大民营企业参与投资建设的渠道，加大市场准入，政府只需要进行宏观引导，在企业融资、贷款、并购、重组、上市、发债等方面提供政策支持。这样不仅可以促进社会投资的积极性，还可以激励社会层面的数字技术创新，促使政府、市场各类主体再加上科研团队共建共享，建立数字基建"生态圈"。

（2）政府构建完善的制度框架支持数字贸易平衡发展

1）构建良好的市场环境

推动全社会参与，创造利于数字贸易发展的良好环境。可以参考国家发改委牵头的"数字化转型伙伴行动倡议"的模式。该倡议构建了政府及社会各界共同参与的"政府引导—平台赋能—龙头引领—机构支撑—多元服务"的联合推进机制，带动中小微企业数字化转型，推行普惠性"上云用数赋智"服务，提升转型服务供给能力。这种多方合作构建数字生态圈的方式值得进一步推广，促使中国加快打造数字化企业，构建数字化产业链，形成数字化生态共同体，支撑经济高质量发展，从而形成数字贸易全社会联合参与的机制。

2）创造完善的法律环境

加强数字贸易相关法律之间的协调和衔接，提高中国法律规范的体系化建设。关于如网络安全、知识产权、市场竞争、消费者权益保护等分散在不同法律中的数字领域相关条款，在立法设置上不能冲突，应彼此协调、互为支撑和补充。同时，数字领域内的法律，如《网络安全法》《数字安全法》《个人信息保护法》都涉及数字安全，但是这些法律之间的各自监管界线需要划分清晰，形成完整全面的监管体系。

中国还应尽快完善数字经济相关主题的专项立法，将迫切需要解决的问题列入立法计划并及时出台。同时尽快修改现有法律与数字经济发展不相适应之处，解决法律与经济发展之间的滞后问题，也可以补充一些解释性案例，在大原则不变的情况下，明确数字企业行为的监管红线。建设数字产权归属相关法律制度，确定数字使用权与所有权的区分。在立法时，还应该注意数字开放、数据安全和数字经济发展的均衡，避免监管成为市场发展的障碍。

在数字相关法律制度建设过程中，中国还可以做的有：提升现有管理标准效力，依法打击各类侵犯个人信息的违法活动；推动公众参与法律建设，推动数字法制共建共治共享；完善反制法律工具，应对美欧的"长臂管辖"；尝试和相关数字贸易治理协定成员国进行联合执法监管，建立综合性协调部门。

3）调整现行的税收制度

为了充分发挥税收对数字化的引导和支持作用，避免税收优惠无法落实到数字化转型的传统企业，可考虑把优惠方式转变为以抵扣和减免为主，使税收优惠政策惠及应用数字技术的各类企业。只要该企业从事数字经济相关的业务，无论其处于哪一个行业领域，都可以享受减免应纳税所得额、费用抵扣、税率优惠等相应的税收优惠，让数字技术创新不仅仅局限于某一类型的企业，从而使税收政策更具有普适性。

参与国际税制改革。中国需要尽快优化目前的税务征收管理，针对数字税征收与否、数字贸易下税收管辖权、避免双重征税、数据价值衡量等问题，中国可以参考国外以消费目的地为主导的征税模式，结合国内经济和税务管理实际，尽快确定可持续发展的解决方案。同时作为负责任的发展中大国，中国需要积极参与国际税制改革，表达利益诉求并提升话语权。

（3）探索建立数字贸易开放创新的示范区

通过建立数字贸易规则创新实践区、数字贸易改革示范区、数字自由贸易区等形式，深化数字贸易"中式模板"的探索，加强现有自贸区、自贸港等在数字贸易领域的改革试点工作。促进更高标准高效率的数据交易所的成立和发展，可以完善数据流通，促进数据合理定价，规范数字贸易流程，提升数据交易效率，使公共数据产生更多积极作用，为社会大众提供更为完善的服务。

(4) 积极参与全球数字贸易规则的制定

1) 探索中国特色数字治理模式

在数字贸易领域，中国不是落后者，无须像传统贸易国际规则那样"全盘接纳"。从数字贸易相关概念界定，产品明确，统计分类细化，数据跟踪统计，战略设计，法律完善，政策引导，海关监管，关税征收，乃至全球规则制定，都应该形成符合中国特色和发展状况的"中国模式"。中国数字治理可以从顶层设计再到方向性深入继而到重点领域治理，同时从贸易便利、数据安全、数字监管、国际对接等多角度切入，推动数字经济治理政策不断由务虚转务实，不断明晰数字治理的框架和细节。

2) 主动向高标准的国际规则对齐

中国可以从已参与的和尚未参与的国际治理规则两方面同时入手，提升治理质量。目前中国参与的规则主要侧重数字贸易便利化方面，我们应该在保持现有标准水平的基础上，多加关注其他贸易协定中相关规则的更新；同时要继续深入加强数字贸易便利化的改革，提升规则质量和水平。在数据流动性，数据本地化储存、数字产品非歧视性、电子传输免征关税、公开政府数据以及数字包容，以及新兴领域治理等方面，因涉及国家安全或国家利益，中国涉及较少或者没有涉及。如何在提高数字贸易开放水平，增加数字收益的同时不损伤国家安全和利益，对中国政府是一个巨大的考验。在这些方面，中国需要抱着学习的态度，主动增加与世界其他国家的交流合作，基于国内已有实践，吸收其先进经验，发展出一套适合发展中国家的高标准数字安全治理框架。

3）积极参与现有国际数字治理规则的谈判与合作

未来中国应继续以更加开放的态度积极参与现有的国际数字治理规则谈判与合作，推动数字贸易治理的国际合作。多边层面上，中国要积极参与WTO框架下数字贸易议题的磋商，进一步推进与"一带一路"国家的数字经济和治理合作。在参与区域协定方面，目前的重点任务是，尽快推进与DEPA成员国的实质性谈判，正式加入DEPA，提升在国际数字治理方面的话语权。同时在双边层面上，尽管中美欧在数据跨境流动、数据本地化等方面存在分歧，中国仍可以先在双边层面与欧美发达成员围绕相关议题展开沟通和对话，力争达成符合客观实际和共同利益的折中安排。通过中国与各大国双边共识的达成，进一步推动全球多边贸易机制下相关议题的推进，加快全球统一规则的形成。

4）扩大中国治理模式的全球影响力

中国应在贯彻多边主义原则下，尽早形成全球数字治理的"中国模式"，为全球数字经济治理规则体系贡献力量。中国需立足于发展中国家的身份，支持和制定公平的非歧视性国际数字贸易规则，倡导数字贸易包容性增长的理念，发挥发展中国家及其中小企业在数字贸易治理中的核心作用。扩大"中国模式"的影响力，可以参考欧美模式扩张的路径（国内制度—双边—区域—多边），从双边层面、区域层面，再到多边层面，将自己的主张通过由点及面，形成网络状传播。在双边及区域层面构建"朋友圈"，可通过与"一带一路"沿线国家的合作与协定，建设"数字丝路"，形成中国影响力，同时制约西方国家在全球数字领域反华制华的措施。

（5）参与全球数字技术标准制定

技术标准是大国技术话语权和影响力的实质性体现。要提高数字技术方面的全球竞争力，不仅需要政府的支持，还需要社会各界的共同参与和努力。

创新需要政府支持。一个国际标准从立项到最终发布，往往要好几年时间，需要多轮辩论、沟通、起草等推动和研究工作。每个技术标准的背后，都需要长期的技术投入、资金支持以及固定的专业人才配置。为减少技术团队负担，政府可以从财政支持、税收优惠、流程简化、融资便利等多个角度促进企业和科研单位实现创新突破，并促进成果尽快转化。

企业形成行业影响力。全球经济一直是"强者优先"，存在市场先行者技术锁定效应。先行者确立的跨境数据流动、传输和隐私保护等最初标准有可能引导国际标准与规则走向，使后来者不得不遵守。因此中国企业扩大影响力的第一步是增强市场竞争力，形成具有全球影响力的独角兽企业和行业头部企业，建立起行业内话语权。

企业要形成技术影响力。企业要积极参与数字技术升级，凭技术在国际市场站稳脚跟。为把握数字技术话语权，企业可以通过参与国际行业协会，或者国际专利申请和推广，在国际平台上推动企业标准升级为国际生产和技术标准，在数字技术领域形成中国高标准的影响力。企业依托标准构建强健的产业生态，可以形成技术、标准、市场的良性循环。

产学研深度融合，发挥学术前沿影响力。企业靠自身研发来提高整体技术水平难度较高，但是企业与科研院所结合，双方能够发挥各自的优势，共享各自无法获得的资源。科研院所与数字贸易市场联系更加紧密，科研成果迅速转化，可以提升在世界学术前沿的影响力，而企业也可以生产高质量突破性可应用成果，实现技术的快速升级，还可以吸引国际人才。同时要鼓励企业与国外科研机构展开技术交流，深化技术合作。政产学研各界形成合力，打好配合，借助自身优势实现差异化布局，可以帮助中国尽可能多地在更多标准的领域获得话语权，争取合作，获得认可和支持。

（四）小结

数字经济成为新一轮全球化和世界经济发展的重

要动力，引领和加速世界新旧动能转换。全球范围的数字贸易规模不断扩大，在总出口中的比重不断增加。与此同时，需要注意数字贸易发展中的全球失衡问题，不同发展水平的国家之间的"数字鸿沟"逐渐拉大，数字贸易总量和相对规模在区域之间呈现严重不平等的现象。全球数字规则方面，竞争主要在美欧等大国之间进行，发展中国家被边缘化失去话语权，被动承受"西方数字规则"。在这种情况下，中国要建立完善的国内数字贸易发展框架与制度，同时构建适合发展中国家的高标准全球数字治理规则。

附录一

附表 1-1　数字服务贸易限制指数（DSTRI）涵盖的政策领域和具体措施

主要领域	重点议题	具体措施
基础设施和连通性	确保无障碍通信的网络运营商之间的互联程度	强制互联；对互联的价格和条件进行管制；公开互联参照的出价；强制要求垂直间隔（强制要求非歧视性的流量管制*；在相关的市场细分领域至少有一个主导企业**）
	限制或阻止使用通信服务的措施	使用通信服务的限制（个人数据自由跨境流动或实施责任制*）
	跨境数据流动的限制措施	当特定私人部门存在保障措施的情况下，个人数据的跨境流动是可能的；个人数据在拥有相似隐私保护法律的国家间流动是可能的；跨境数据流动要逐案审批，一事一办
	数据本地化要求	特定数据必须存储在本地；禁止数据流动

续表

主要领域	重点议题	具体措施
电子交易	发放电子商务活动许可证的歧视性条件	颁发电子商务许可的歧视性条件（从事电子商务需要许可或认证**）
	非居民企业在线税收注册和申报的可能性	非居民企业可以在线税务注册和申报
	偏离国际公认的电子合同规则	国家跨境交易的合同规则与国际标准规则不一致
	禁止使用电子身份验证的措施	法律或规定明确保护机密信息；法律或规定认定电子签名与手写签名具有同等法律效力
	缺乏有效的争议解决机制	缺乏跨境数字贸易争端解决机制
支付体系	使用特定支付方式的限制	使用支付方式的歧视性措施
	国家支付安全标准偏离国际标准	国家支付安全标准与国际标准不一致
	在其他领域未涵盖的与网络银行相关的限制性措施	限制使用网络银行和保险
知识产权	版权和商标相关的国内政策对外国公司存在歧视性	在商标权保护方面歧视外国主体；在版权和相关权益保护方面歧视外国主体（根据国际规则，版权保护的例外受到限制*）
	缺乏针对在线交易环境中版权和商标侵权行为的有效处理机制	可以获得司法或行政方面的实施措施或救济；存在临时性措施；有针对犯罪行为的诉讼和惩罚机制

续表

主要领域	重点议题	具体措施
其他措施	影响跨境数字贸易的绩效要求	如强制使用本地软件或强制性技术转让
	下载和流量的限制	会对数字贸易产生影响的下载和流量限制
	线上广告的限制	在线广告的限制
	本地商业存在的要求	将设立本地商业存在作为提供跨境服务的前提
	缺乏针对网络环境下反不正当竞争行为的有效管制措施	当市场存在限制竞争行为时，企业是否可以获得赔偿

注：加粗的措施表示DTRI中涉及的区别于传统服务贸易的针对数字服务贸易的特定监管措施；带"*"的措施表示仅为了获取信息收据数据但在计算指数时不会计算在内的措施；带"**"的措施表示没有对其赋分，但是会影响其他措施分值的措施。

资料来源：Ferencz（2019）。

附表1-2 **数字贸易限制指数（DTRI）的评估框架**

主要领域（cluster）	重点议题（chapter）	具体措施（subchapter）
财政限制（0.25）	关税和贸易保护（0.4）	ICT产品及其中间品的关税（0.8）
		贸易救济措施（0.2）
	税收与补贴（0.2）	对数字产品征税（0.35）
		对线上服务征税（0.35）
		数字使用税（0.15）
		歧视性税收和补贴（0.15）
	政府采购（0.4）	强制使用特定技术或标准（0.2）
		数字产品或服务领域针对本国企业的优惠采购政策（0.6）
		要求转让专利、披露源代码或商业机密（0.2）

续表

主要领域（cluster）	重点议题（chapter）	具体措施（subchapter）
设立限制（0.25）	外商投资限制（0.3）	外资所有权限制（0.5）
		对董事会主席和经理国籍的限制（0.1）
		对投资和并购的审查（0.3）
		其他与外资有关的限制措施（0.1）
	知识产权保护措施（0.3）	专利（0.3）
		版权（0.3）
		商业机密（0.3）
		其他与知识产权有关的限制性措施（0.1）
	竞争政策（0.3）	电信部门自由化（0.9）
		其他限制性措施（0.1）
	商业流动（0.1）	数量限制、劳动力市场测试以及国外自然人的停留期限限制（0.9）
		其他与商业流动相关的限制性措施
数据限制（0.25）	数据政策（0.4）	数据跨境流动限制（0.5）
		数据保存期限要求（0.15）
		数据隐私的主体权利（0.1）
		数据隐私的管理性要求（0.15）
		违反规定的惩罚（0.05）
		其他与数据政策相关的限制性措施（0.05）
	中介责任（0.3）	提供安全港的框架（0.6）
		通知和追溯制度（0.3）
		其他与中介责任相关的限制性措施（0.1）
	内容获取限制（0.3）	网络内容的审批和过滤（0.7）
		带宽和网络中性（0.2）
		其他与内容获取相关的限制性措施（0.1）

续表

主要领域 (cluster)	重点议题 (chapter)	具体措施（subchapter）
交易限制（0.25）	数量贸易限制（0.33）	对数字产品的进口限制（0.6）
		商业市场的本地成分要求（0.3）
		对数字产品的出口限制（0.1）
	技术标准（0.33）	电信标准（0.2）
		产品安全认证（0.2）
		产品筛选和检验（0.3）
		加密（0.2）
		其他与技术标准相关的限制性措施
	在线销售和交易（0.33）	履行交易的壁垒（0.5）
		域名注册限制（0.25）
		对特定产品在线销售的限制（0.15）
		线上销售消费者保护的歧视性措施（0.1）

注：括号内数字表示各项措施在所属领域的权重。
资料来源：根据 Ferracane 等（2018）整理。

附表1-3　**全球数字贸易促进指数的评估框架**

子指数	支柱	具体指标
市场准入（0.3）	支柱1：数字贸易有关的部门开放（1）	基于 RTA 的数字贸易相关的市场准入（0.5）
		基于 RTA 的数据流动相关的前沿性条款（0.5）

续表

子指数	支柱	具体指标
基础设施（0.3）	支柱2：ICT基础设施和服务（0.33）	互联网用户渗透率（0.33）
		因特网的国际网络带宽（0.33）
		平均每户拥有计算机（0.33）
	支柱3：支付基础设施和服务（0.33）	使用借记卡人数比重（0.25）
		使用信用卡人数比重（0.25）
		使用手机或互联网访问账户比重（0.25）
		过去一年发送或接受数字付款比重（0.25）
	支柱4：交付基础设施和服务（0.33）	固定宽带设施和服务（0.25）
		移动宽带设施和服务（0.25）
		邮政设施服务（0.25）
		物流及清关服务（0.25）
法律安全环境（0.2）	支柱5：法律环境（0.5）	电子签名立法（0.2）
		数据保护立法（0.2）
		消费者保护立法（0.2）
		网络犯罪立法（0.2）
		软件盗版率（0.2）
	支柱6：安全环境（0.5）	全球网络安全指数（0.5）
		每百万居民的安全互联网服务器数量（0.5）
商业环境（0.2）	支柱7：数字技术能力（0.5）	ICT国际专利申请（0.5）
		企业对ICT技术的吸收能力（0.5）
	支柱8：数字技术应用（0.5）	ICT对商业模式的影响（0.33）
		数字技术在B2B中的应用（0.33）
		数字技术在B2C中的应用（0.33）

注：括号内数字表示各项措施在所属领域的权重。
资料来源：根据沈玉良等（2020）整理。

附表1-4 数字贸易有关部门开放（RTA）指标
评价涵盖的具体条款

支柱	内容	评分标准	涵盖RTA条款
1.1	数字贸易相关的市场准入（RTA）	—	—
1.1.1	电子商务国民待遇和/或最惠国待遇	同时出现国民待遇和最惠国条款为1分；出现其一为0.5分；二者均未出现为0分	（1）是否规定了电子商务中的国民待遇？ （2）是否规定了电子商务中的最惠国待遇？
1.1.2	特定部门国民待遇和/或最惠国待遇	计算机相关服务/电信服务/金融服务，三者出现其一为0.33分；出现其二为0.66分；三者皆有为1分	（1）是否为电子商务所需的部门提供了服务（和投资）市场准入和国民待遇承诺？——计算机相关服务 （2）是否为电子商务所需的部门提供了服务（和投资）市场准入和国民待遇承诺？——电信服务 （3）是否为电子商务所需的部门提供了服务（和投资）市场准入和国民待遇承诺？——金融服务
1.2	数据流动相关的前沿性条款（RTA）	—	—
1.2.1	跨境数据流动	9个子条款，每个1/9分，得分累计计算	（1）电子商务章节是否包含有关数据流的规定？ （2）电子商务章节内是否存在解决数据流障碍的机制？ （3）协议中是否包含有关数据自由流动的规定？ （4）电子商务章节外是否存在解决数据流障碍的机制？ （5）电信一章/规定中是否提到数据流的传输？ （6）是否有提及计算机和相关服务（CRS）章节/规定中数据流的传输？ （7）在视听章节/规定中有没有提到数据流的传输？ （8）在金融服务章节中有没有提到数据流的传输？ （9）协议中是否包含有关知识产权一章中数据流的规定？

续表

支柱	内容	评分标准	涵盖 RTA 条款
1.2.2	数据本地存储	2个子条款，每个0.5分，得分累计计算	(1) 电子商务章节内是否有禁止或限制数据本地化要求的规定？ (2) 电子商务章节外是否有禁止或限制数据本地化要求的规定？

附录二

附表 2-1　　数字贸易影响经济增长的回归①

	整体 (1) lnGDPGR	NO-OECD (2) lnGDPGR	OECD (3) lnGDPGR
lnDSTR	-2.077***	-0.353	-3.840***
	[-2.72]	[-0.36]	[-3.21]
lnAGDP (-5)	0.798***	0.124	1.934***
	[3.77]	[0.43]	[6.43]
lnTRADERATIO	0.949***	0.477	1.587***
	[2.99]	[1.10]	[3.52]
lnFCRATIO	0.899***	1.347***	0.457
	[3.16]	[3.15]	[1.28]
lnPATENT	-0.040	0.011	-0.005
	[-0.75]	[0.12]	[-0.08]
lnIPRNO	-0.021	-0.005	-0.228***
	[-1.25]	[-0.31]	[-3.14]
lnPOPULATION	2.024***	4.626***	0.778
	[3.01]	[3.06]	[1.12]
常数项	-14.598***	-13.485***	-21.636***
	[-4.93]	[-2.92]	[-5.32]
样本量	369	154	215
R^2	0.134	0.174	0.282
调整 R^2	-0.076	-0.071	0.101
F 值	6.557***	3.559***	9.580***
ID	YES	YES	YES
year	NO	NO	NO

注：方括号中为 t 统计量；* p<0.1，** p<0.05，*** p<0.01。

---

① 由于部分数据为负，将其取正后取对数，再进行回归处理。

附表 2-2　　　　　　基础设施和连通性的回归结果

	整体 (1) lnGDPGR	NO-OECD (2) lnGDPGR	OECD (3) lnGDPGR
lnIC	-1.562**	-0.394	-2.849**
	[-2.00]	[-0.41]	[-2.21]
lnAGDP(-5)	0.780***	0.120	1.930***
	[3.71]	[0.42]	[6.31]
lnTRADERATIO	0.973***	0.484	1.541***
	[3.07]	[1.13]	[3.37]
lnFCRATIO	0.915***	1.413***	0.386
	[3.24]	[3.37]	[1.07]
lnPATENT	-0.038	0.010	-0.004
	[-0.72]	[0.11]	[-0.06]
lnIPRNO	-0.020	-0.005	-0.259***
	[-1.22]	[-0.28]	[-3.56]
lnPOPULATION	1.965***	3.023***	0.727
	[3.18]	[2.74]	[1.03]
常数项	-14.692***	-10.603**	-20.708***
	[-5.02]	[-2.58]	[-5.03]
样本量	375	160	215
R^2	0.128	0.168	0.260
调整 R^2	-0.083	-0.075	0.073
F 值	6.340***	3.553***	8.561***
ID	YES	YES	YES
year	NO	NO	NO

注：方括号中为 t 统计量；* p<0.1，** p<0.05，*** p<0.01。

附表 2-3　　　　　　电子交易的回归结果

	整体 (1) lnGDPGR	NO-OECD (2) lnGDPGR	OECD (3) lnGDPGR
lnET	10.607**	8.289	-2.883
	[2.27]	[1.59]	[-0.20]
lnAGDP(-5)	0.830***	0.239	1.877***
	[3.89]	[0.82]	[6.06]

续表

	整体 （1） lnGDPGR	NO-OECD （2） lnGDPGR	OECD （3） lnGDPGR
lnTRADERATIO	1.016***	0.580	1.464***
	[3.19]	[1.35]	[3.16]
lnFCRATIO	0.921***	1.423***	0.359
	[3.26]	[3.44]	[0.98]
lnPATENT	-0.017	0.045	-0.005
	[-0.32]	[0.49]	[-0.07]
lnIPRNO	-0.014	0.001	-0.290***
	[-0.79]	[0.05]	[-3.98]
lnPOPULATION	1.855***	2.746**	0.614
	[3.00]	[2.48]	[0.85]
常数项	-15.886***	-12.124***	-19.016***
	[-5.30]	[-2.90]	[-4.59]
样本量	375	160	215
R^2	0.132	0.184	0.238
调整 R^2	-0.079	-0.055	0.047
F 值	6.526***	3.957***	7.650***
ID	YES	YES	YES
year	NO	NO	NO

注：方括号中为 t 统计量；* $p<0.1$，** $p<0.05$，*** $p<0.01$。

附表 2-4　　支付系统的回归结果

	整体 （1） lnGDPGR	NO-OECD （2） lnGDPGR	OECD （3） lnGDPGR
lnPAY	-1.723	-1.325	0.000
	[-0.24]	[-0.18]	[.]
lnAGDP（-5）	0.724***	0.098	1.874***
	[3.42]	[0.35]	[6.08]
lnTRADERATIO	0.938***	0.474	1.459***
	[2.94]	[1.10]	[3.16]

续表

	整体 （1） lnGDPGR	NO-OECD （2） lnGDPGR	OECD （3） lnGDPGR
lnFCRATIO	0.930***	1.420***	0.359
	[3.26]	[3.38]	[0.98]
lnPATENT	-0.036	0.011	-0.005
	[-0.67]	[0.12]	[-0.08]
lnIPRNO	-0.021	-0.005	-0.288***
	[-1.22]	[-0.27]	[-3.99]
lnPOPULATION	1.943***	2.992***	0.634
	[3.11]	[2.67]	[0.89]
常数项	-14.168***	-10.390**	-19.122***
	[-4.75]	[-2.44]	[-4.67]
样本量	375	160	215
R^2	0.117	0.167	0.238
调整 R^2	-0.097	-0.076	0.052
F 值	5.701***	3.530***	8.968***
ID	YES	YES	YES
year	NO	NO	NO

注：方括号中为 t 统计量；* $p<0.1$，** $p<0.05$，*** $p<0.01$。

附表 2-5　　知识产权的回归结果

	整体 （1） lnGDPGR	NO-OECD （2） lnGDPGR	OECD （3） lnGDPGR
lnIPR	-2.130	-5.159	4.695
	[-0.19]	[-0.27]	[0.37]
lnAGDP（-5）	0.734***	0.119	1.869***
	[3.47]	[0.42]	[6.04]
lnTRADERATIO	0.938***	0.473	1.465***
	[2.94]	[1.10]	[3.17]
lnFCRATIO	0.933***	1.430***	0.368
	[3.28]	[3.42]	[1.01]

续表

	整体 (1) lnGDPGR	NO-OECD (2) lnGDPGR	OECD (3) lnGDPGR
lnPATENT	-0.034	0.012	-0.006
	[-0.65]	[0.13]	[-0.10]
lnIPRNO	-0.021	-0.006	-0.290***
	[-1.23]	[-0.32]	[-4.00]
lnPOPULATION	1.964***	3.027***	0.611
	[3.15]	[2.75]	[0.85]
常数项	-14.320***	-10.635**	-19.046***
	[-4.87]	[-2.59]	[-4.63]
样本量	375	160	215
R^2	0.117	0.168	0.239
调整 R^2	-0.097	-0.076	0.048
F 值	5.697***	3.537***	7.668***
ID	YES	YES	YES
year	NO	NO	NO

注：方括号中为 t 统计量；* p<0.1，** p<0.05，*** p<0.01。

附表 2-6　　其他数字贸易壁垒的回归结果

	整体 (1) lnGDPGR	NO-OECD (2) lnGDPGR	OECD (3) lnGDPGR
lnOTHER	-10.718***	-4.450	-11.434***
	[-4.50]	[-1.18]	[-3.68]
lnAGDP (-5)	0.874***	0.198	1.813***
	[4.24]	[0.68]	[6.08]
lnTRADERATIO	0.911***	0.432	1.539***
	[2.95]	[1.01]	[3.45]
lnFCRATIO	1.025***	1.416***	0.599*
	[3.71]	[3.40]	[1.68]
lnPATENT	-0.035	0.015	-0.015
	[-0.68]	[0.17]	[-0.26]
lnIPRNO	-0.015	-0.004	-0.210***
	[-0.93]	[-0.23]	[-2.88]

续表

	整体 (1) lnGDPGR	NO-OECD (2) lnGDPGR	OECD (3) lnGDPGR
lnPOPULATION	1.847***	2.918***	0.794
	[3.06]	[2.65]	[1.15]
常数项	-15.481***	-10.805***	-21.277***
	[-5.42]	[-2.64]	[-5.32]
样本量	375	160	215
R^2	0.173	0.176	0.294
调整 R^2	-0.028	-0.065	0.117
F 值	8.967***	3.764***	10.184***
ID	YES	YES	YES
year	NO	NO	NO

注：方括号中为 t 统计量；* p<0.1，** p<0.05，*** p<0.01。

附表 2-7　　数字贸易影响就业的回归结果

	整体 (1) lnLFPR	NO-OECD (2) lnLFPR	OECD (3) lnLFPR
lnDSTR	-0.069*	-0.028	-0.128**
	[-1.86]	[-0.49]	[-2.52]
lnAGDP	0.054***	0.033	0.092***
	[4.53]	[1.63]	[6.32]
lnTRADERATIO	0.040**	0.025	0.065***
	[2.57]	[0.98]	[3.58]
lnFCRATIO	0.042***	0.093***	-0.000
	[3.00]	[3.51]	[-0.01]
lnPATENT	-0.005*	-0.005	-0.003
	[-1.80]	[-1.01]	[-1.49]
lnIPRNO	-0.002*	-0.001	-0.012***
	[-1.93]	[-0.86]	[-4.35]
常数项	3.512***	3.690***	3.292***
	[26.01]	[17.83]	[18.94]

续表

	整体 （1） lnLFPR	NO-OECD （2） lnLFPR	OECD （3） lnLFPR
样本量	369	154	215
R^2	0.139	0.171	0.245
调整 R^2	-0.067	-0.065	0.061
F 值	7.990***	4.104***	9.300***
ID	YES	YES	YES
year	NO	NO	NO

注：方括号中为 t 统计量；* p<0.1，* * p<0.05，* * * p<0.01。

附表 2-8　　　　基础设施和连通性的回归结果

	整体 （1） lnLFPR	NO-OECD （2） lnLFPR	OECD （3） lnLFPR
lnIC	-0.061	-0.027	-0.115**
	[-1.64]	[-0.48]	[-2.24]
lnAGDP	0.051***	0.031	0.085***
	[4.35]	[1.61]	[6.16]
lnTRADERATIO	0.040**	0.026	0.062***
	[2.57]	[1.02]	[3.44]
lnFCRATIO	0.044***	0.094***	-0.001
	[3.18]	[3.71]	[-0.07]
lnPATENT	-0.004*	-0.005	-0.003
	[-1.79]	[-1.03]	[-1.44]
lnIPRNO	-0.001*	-0.001	-0.013***
	[-1.88]	[-0.85]	[-4.47]
常数项	3.536***	3.695***	3.374***
	[26.51]	[18.22]	[20.55]
样本量	375	160	215
R^2	0.137	0.173	0.239
调整 R^2	-0.069	-0.060	0.053
F 值	7.964***	4.337***	9.012***
ID	YES	YES	YES
year	NO	NO	NO

注：方括号中为 t 统计量；* p<0.1，* * p<0.05，* * * p<0.01。

附表2-9　　　　　　　　电子交易的回归结果

	整体 (1) lnLFPR	NO-OECD (2) lnLFPR	OECD (3) lnLFPR
lnET	0.605***	0.585**	0.438
	[2.76]	[2.00]	[0.81]
lnAGDP	0.054***	0.042**	0.077***
	[4.67]	[2.13]	[5.73]
lnTRADERATIO	0.043***	0.035	0.056***
	[2.81]	[1.37]	[3.10]
lnFCRATIO	0.043***	0.088***	−0.000
	[3.09]	[3.51]	[−0.02]
lnPATENT	−0.003	−0.003	−0.003
	[−1.38]	[−0.54]	[−1.42]
lnIPRNO	−0.001	−0.000	−0.013***
	[−1.35]	[−0.44]	[−4.62]
常数项	3.451***	3.538***	3.469***
	[25.19]	[16.58]	[21.71]
样本量	375	160	215
R^2	0.150	0.198	0.220
调整 R^2	−0.052	−0.029	0.030
F 值	8.910***	5.093***	8.088***
ID			
year			

注：方括号中为 t 统计量；* p<0.1，** p<0.05，*** p<0.01。

附表2-10　　　　　　　　支付系统的回归结果

	整体 (1) lnLFPR	NO-OECD (2) lnLFPR	OECD (3) lnLFPR
lnPAY	−0.466	−0.387	0.000
	[−1.38]	[−0.93]	[.]
lnAGDP	0.049***	0.032	0.077***
	[4.21]	[1.64]	[5.71]

续表

	整体 （1） lnLFPR	NO-OECD （2） lnLFPR	OECD （3） lnLFPR
lnTRADERATIO	0.038**	0.026	0.057***
	[2.46]	[1.03]	[3.15]
lnFCRATIO	0.044***	0.092***	-0.000
	[3.19]	[3.65]	[-0.01]
lnPATENT	-0.005*	-0.006	-0.003
	[-1.82]	[-1.10]	[-1.41]
lnIPRNO	-0.002*	-0.001	-0.013***
	[-1.92]	[-0.88]	[-4.71]
常数项	3.560***	3.699***	3.485***
	[26.71]	[18.30]	[22.00]
样本量	375	160	215
R^2	0.134	0.178	0.217
调整 R^2	-0.072	-0.054	0.031
F 值	7.816***	4.464***	9.592***
ID	YES	YES	YES
year	NO	NO	NO

注：方括号中为 t 统计量；* $p<0.1$，** $p<0.05$，*** $p<0.01$。

附表 2-11　　　　　　　　知识产权的回归结果

	整体 （1） lnLFPR	NO-OECD （2） lnLFPR	OECD （3） lnLFPR
lnIPR	0.358	-0.386	0.893*
	[0.69]	[-0.36]	[1.85]
lnAGDP	0.048***	0.032	0.078***
	[4.14]	[1.63]	[5.83]
lnTRADERATIO	0.038**	0.025	0.059***
	[2.49]	[1.00]	[3.26]
lnFCRATIO	0.046***	0.095***	0.002
	[3.31]	[3.76]	[0.11]

续表

	整体 (1) lnLFPR	NO-OECD (2) lnLFPR	OECD (3) lnLFPR
lnPATENT	-0.004*	-0.005	-0.004
	[-1.75]	[-1.01]	[-1.56]
lnIPRNO	-0.001*	-0.001	-0.014***
	[-1.82]	[-0.90]	[-4.86]
常数项	3.550***	3.689***	3.469***
	[26.59]	[18.22]	[22.02]
样本量	375	160	215
R^2	0.130	0.173	0.232
调整 R^2	-0.077	-0.061	0.045
F 值	7.543***	4.316***	8.673***
ID	YES	YES	YES
year	NO	NO	NO

注：方括号中为 t 统计量；* p<0.1,** p<0.05,*** p<0.01。

附表2-12 其他影响数字贸易壁垒因素的回归结果

	整体 (1) lnLFPR	NO-OECD (2) lnLFPR	OECD (3) lnLFPR
lnOTHER	-0.353***	-0.278	-0.330**
	[-2.82]	[-1.27]	[-2.32]
lnAGDP	0.063***	0.039*	0.095***
	[5.02]	[1.93]	[6.16]
lnTRADERATIO	0.041***	0.024	0.064***
	[2.67]	[0.97]	[3.53]
lnFCRATIO	0.044***	0.090***	0.003
	[3.18]	[3.54]	[0.22]
lnPATENT	-0.005*	-0.005	-0.004
	[-1.82]	[-0.98]	[-1.59]
lnIPRNO	-0.001*	-0.001	-0.012***
	[-1.79]	[-0.81]	[-4.41]

续表

	整体 （1） lnLFPR	NO-OECD （2） lnLFPR	OECD （3） lnLFPR
常数项	3.412***	3.647***	3.245***
	[24.21]	[17.89]	[17.33]
样本量	375	160	215
R^2	0.151	0.183	0.241
调整 R^2	-0.051	-0.048	0.055
F 值	8.977***	4.615***	9.095***
ID	YES	YES	YES
year	NO	NO	NO

注：方括号中为 t 统计量；* $p<0.1$，** $p<0.05$，*** $p<0.01$。

附录三

附表 3-1　　　　　主要国家数字发展战略

国家	政策与战略
美国	《大数据研究和发展计划》《联邦云计算战略》《支持数据驱动型创新的技术与政策》《数字经济议程》《关键与新兴技术国家战略》
欧盟	《欧洲 2020 战略》《2013—2014 年欧洲数字经济优先发展计划》《数字贸易战略》《数字欧洲计划》《2030 数字罗盘：欧盟数字十年战略》
中国	《国家信息化发展战略纲要》《中华人民共和国国民经济和社会发展第十三个五年规划纲要》《中华人民共和国国民经济和社会发展第十四个五年规划和 2035 年远景目标纲要》
其他国家	日本：《日本复兴战略》"数字日本创新计划"《e-Japan 战略》《u-Japan 战略》《i-Japan 战略》《科学与技术基本计划（第六版）》 英国：《数字经济战略（2015—2018）》《数字英国战略 2017》《国家数据战略》 印度："数字印度"倡议 俄罗斯联邦：《俄罗斯联邦数字经济规划》《关于 2030 年前俄罗斯联邦国家发展目标的法令》 德国：《"创新德国"未来一揽子研究计划》

参考文献

国务院发展研究中心对外经济研究部、中国信息通信研究院课题组：《数字贸易发展与合作：现状与趋势》，《中国经济报告》2021年第6期。

金祥义，施炳展：《互联网搜索、信息成本与出口产品质量》，《中国工业经济》2022年第8期。

刘维刚，倪红福：《制造业投入服务化与企业技术进步：效应及作用机制》，《财贸经济》2018年第8期。

吕越，谷玮，包群：《人工智能与中国企业参与全球价值链分工》，《中国工业经济》2020第5期。

戚聿东，杜博，叶胜然：《知识产权与技术标准协同驱动数字产业创新：机理与路径》，《中国工业经济》2022年第8期。

沈玉良：《数字贸易发展转折点：技术与规则之争——全球数字贸易促进指数分析报告》，《世界经济研究》2022 年第 5 期。

王中美：《跨境数据流动的全球治理框架：分歧与妥协》，《国际经贸探索》2021 年第 4 期。

王岚：《数字贸易壁垒的内涵、测度与国际治理》，《国际经贸探索》2021 年第 11 期。

周念利，于美月：《中国应如何对接 DEPA——基于 DEPA 与 RCEP 对比的视角》，《理论学刊》2022 年第 2 期。

Atkin, D., and D. Donaldson, "The Role of Trade in Economic Development." *NBER Working Papers*, No. 29314, 2021.

Burri, Mira, "Approaches to Digital Trade and Data Flow Regulation Across Jurisdictions: Implications for the Future EU–ASEAN Agreement" *Legal Issues of Economic Integration*, Vol. 49, March 2022.

López González, J. and M. Jouanjean, "Digital Trade: Developing a Framework for Analysis" *OECD Trade Policy Papers*, No. 205, 2017.

Meltzer, Joshua P., "Governing Digital Trade." *World Trade Review*, 18S (1), S23–S48, 2019.

Mourougane, A., "Measuring digital trade" *Going Digital Toolkit Note*, No. 18, 2021.

后　　记

　　写作本报告的缘起是中国社会科学院国家全球战略智库（以下简称"智库"）、世界经济与政治研究所（以下简称"世经政所"）承办第五届虹桥国际经济论坛"数字贸易的创新发展：机遇与挑战"分论坛。世经政所国际贸易研究室具体承担了论坛的会务工作。在筹办分论坛的过程中，智库和世经政所、虹桥国际经济论坛秘书处商议在召开分论坛期间发布有关数字贸易的报告。为此，中国国际进口博览局专门立项委托智库和研究所撰写报告，给予经费支持。智库也专门给予配套经费。世经政所国际贸易研究室组建报告的写作团队。本报告的核心结论在上述提到的分论坛进行了公开发布，并得到中央电视台《新闻联播》的报道。

　　本报告的撰写工作由东艳负责，苏庆义承担了写作的统筹和统稿工作。国际贸易研究室的撰写人员包括倪月菊、张琳、臧成伟等。写作团队成员还包括上海社会科学院的沈玉良教授、天津财经大学的王岚教授。各章的具体执笔人员还包括上海社会科学院的同事、中国社会科学院大学的硕士生，已在文内标出。

本报告在写作过程中，得到智库理事长、世经政所所长张宇燕和时任智库秘书长、世经政所副所长冯维江的大力支持和指导。商务部服务贸易司相关领导和中国国际进口博览局论坛处处长王宏伟、王佳子等也给予了大力支持。在报告构思阶段，南开大学盛斌教授、浙江大学马述忠教授、中国社会科学院数量经济与技术经济研究所蔡跃洲研究员、商务部国际贸易经济合作研究院李俊研究员、对外经济贸易大学周念利教授、上海对外经济贸易大学李墨丝教授等学者提供了宝贵的建议。中国社会科学出版社的王茵副总编辑和党旺旺编辑给予了出版方面的支持。在此一并致谢。

从确定撰写任务到完成报告只有三个月的时间，时间非常紧。本报告难免存在诸多不足之处，文责由写作团队承担。报告写作团队欢迎来自同行的指正和批评。

中国社会科学院国家全球战略智库　中国社会科学院国家全球战略智库是 2015 年年底入选首批国家高端智库建设试点的 25 家单位之一,实体依托单位为中国社会科学院世界经济与政治研究所,接受国家高端智库理事会和中国社会科学院国家高端智库理事会领导。

本智库以马克思列宁主义、毛泽东思想、邓小平理论、"三个代表"重要思想、科学发展观、习近平新时代中国特色社会主义思想为指导,服务党和政府决策,组织和推动全球战略理论与实际问题的研究,建设国家急需、特色鲜明、制度创新、引领发展的全球战略智库。

本智库重点围绕国家重大战略需求开展前瞻性、针对性、储备性研究,以科学咨询支撑科学决策,推动国家治理体系和治理能力现代化,增强我国的国际影响力和话语权,更好地服务党和国家工作大局,为实现中华民族伟大复兴提供智力支持。

本智库在研究工作、学术探讨和政策咨询中坚持实事求是、理论联系实际的科学态度和学风,贯彻百家争鸣的方针。智库设有全球经济研究部、国际政治研究部、综合研究部,秘书处/办公室和编辑室,承担科研组织、课题承办、成果运用等工作。

中国社会科学院世界经济与政治研究所 中国社会科学院世界经济与政治研究所是中国社会科学院下属的国际问题研究所之一，成立于1964年。2020年5月成为中国社会科学院国家全球战略智库的实体依托单位。本研究所/智库主要从事全球宏观经济、国际金融、国际贸易、国际投资、国际发展、国际政治、外交政策、国际政治经济学、全球治理、国际大宗商品和国家安全等领域的研究，是中国经济政策、国际经济政策和中国外交政策等领域最有影响力的智库之一。研究所出版《世界经济与政治》《世界经济》《国际经济评论》与 China & World Economy 等重要学术期刊，和《世界经济年鉴》、《世界经济形势》黄皮书、《全球政治与安全形势》黄皮书、《中国海外投资国家风险评级报告》等重要年度报告。2016年被中国外交部指定为二十国集团智库峰会（T20）中方首席牵头智库。研究所下设十二个研究室、五个编辑部、五个研究中心、办公室、科研处、人事处和资料信息室，并管理两个全国性学术社团组织。研究所现有编制130人。

本研究所主要从事全局性、战略性、综合性研究，承接中央有关部门交办和委托的研究课题。主要研究领域包括：全球宏观经济、国际金融、国际贸易、国际投资、国际发展、国际政治、外交政策、国际政治经济学、马克思主义世界政治经济理论、全球治理、国际大宗商品和国家安全等。